Couverture inférieure manquante

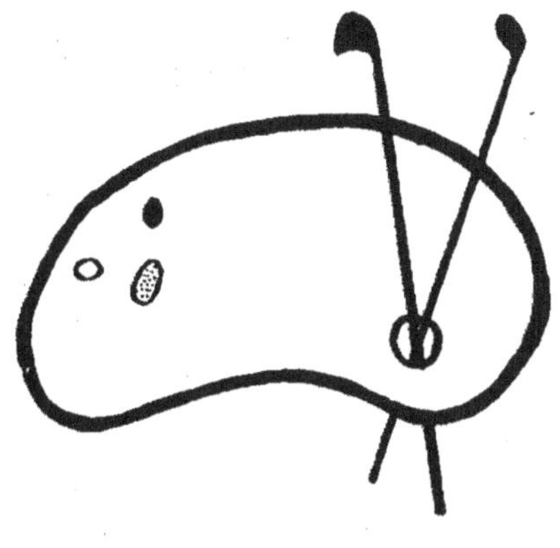

DÉBUT D'UNE SÉRIE DE DOCUMENTS
EN COULEUR

VIEUX CHATEAUX

ET

VIEILLES ABBAYES

DE SAVOIE

PAR

ADOLPHE BELLY

Membre de la Société Florimontane d'Annecy

ANNECY, IMPRIMERIE HÉRISSON & Cⁱᵉ

1893

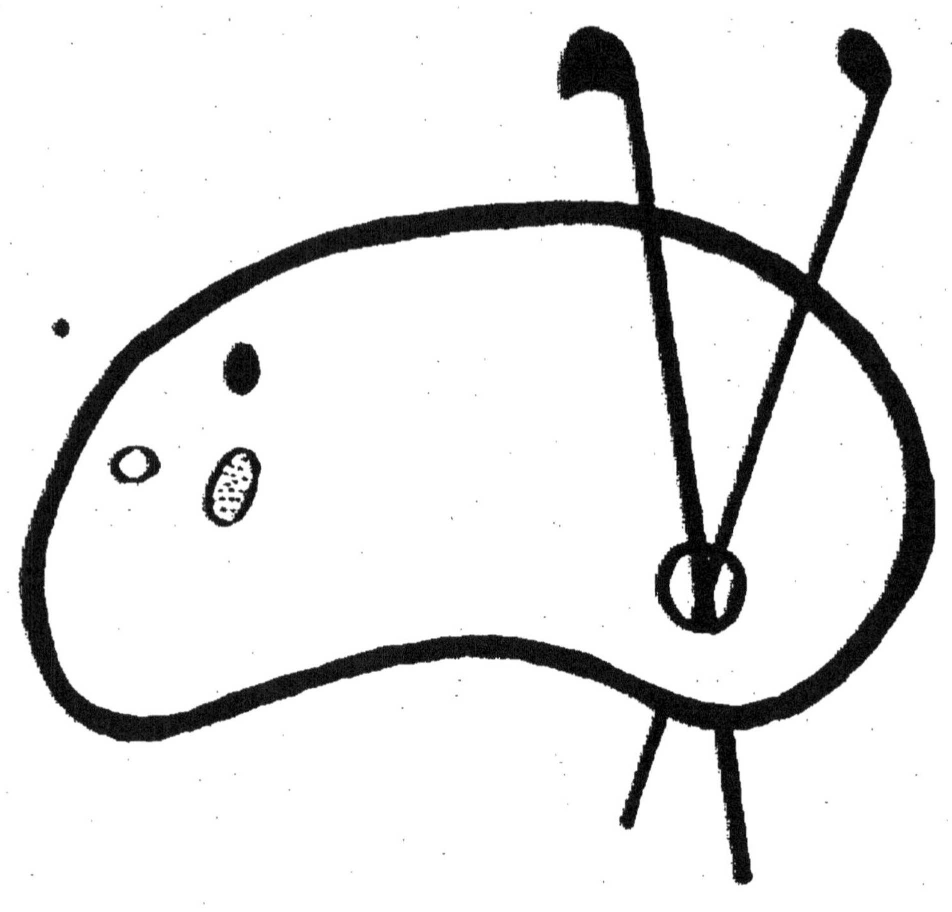

FIN D'UNE SÉRIE DE DOCUMENTS
EN COULEUR

VIEUX CHATEAUX

ET

VIEILLES ABBAYES

DE SAVOIE

PAR

ADOLPHE BELLY

MEMBRE DE LA SOCIÉTÉ FLORIMONTANE D'ANNECY

ANNECY, IMPRIMERIE HÉRISSON & Cⁱᵉ

1893

LES VIEUX CHATEAUX

DE SAVOIE

ANNECY

Lors de l'occupation du pays par les Barbares, Annecy ne comptait pas, tant était petit le nombre de créatures humaines vivant dispersées sur les bords du lac.

Le premier soin de la horde qui s'empara du sol les armes à la main fut de se mettre à l'abri de tout coup de force en choisissant, pour asseoir son *burg*, un emplacement, défendu par la nature elle-même, dominant la contrée dans toute son étendue. Les conquérants s'installèrent donc sur le plateau où se trouve assis le château actuel. Le lieu était admirablement choisi, si on considère qu'à cette époque les forêts étaient riches en bois de construction, le lac abondant en poisson de toute espèce, les marais s'étendant jusqu'à la Balme-de-Sillingy peuplés d'oiseaux aquatiques, le tout permettant de bâtir, de faire feux, de se procurer le plaisir de chasser à la fronde, à la flèche, à l'épieu, au faucon, ou de pêcher la carpe, la truite, la lotte, la perche, selon les besoins de la table.

Sous la direction du chef de la tribu, dont le nom n'est point parvenu jusqu'à nous, les plus beaux arbres des forêts furent abattus, équarris, puis solidement fichés en terre ou dans le roc, à distance égale, se reliant les uns aux autres par deux rangs de claies entre lesquelles on eut la précaution de fouler de la terre glaise, après quoi la toiture, faite d'énormes solives de sapin, fut recouverte de boiseries d'une épaisseur d'un demi-pied, superposées les unes sur les autres. Ce gros œuvre achevé, lorsqu'on eut procédé à l'installation de tous les services, tant en hommes qu'en chevaux, on songea à la défense de la place, dont tous les côtés faibles furent protégés par une avancée de vingt pieds, ayant pour fortifications des palissades faites de bois énormes, aux arêtes aiguës, tranchantes et durcies au feu.

Attirée par cette puissance qui fait que le faible cherche protection près du fort, la population éparse à travers les terrains fermes des marais vint se grouper autour du *burg*, faisant soumission en réclamant droit d'asile en cas de péril.

Annecy naissant mit plusieurs siècles à se développer, et quand, au X⁰ siècle, il apparait dans l'histoire, le *burg* en bois a disparu pour faire place à une maison-forte de premier ordre, entourée, non plus d'habitations faites en torchis et couvertes en chaume, mais de solides maisons construites en pierres, s'abritant derrière des chemins de ronde leur conférant le droit de bourg. Une seule enceinte le mettait hors de toute attaque s'étendant de la porte Perrière à la porte Saint-Maurice pour finir au Thiou, défendu lui-même par des murs fortifiés.

Un pont-levis mettait en communication les gens de la cité avec les personnes du dehors; il était placé à l'endroit précis où se trouve le pont Morens.

Tout Annecy finissait là et les seules constructions qui s'élevassent alors à quelque distance étaient l'oratoire de Notre-Dame-de-Liesse, un Refuge pour les voyageurs arrivés après le couvre-feu, enfin quelques misérables chaumières de malheureux paysans se livrant à la culture maraîchère pour les besoins du bourg.

A la suite de leurs insuccès sur Genève, les princes de Genevois se fixèrent définitivement en leur château d'Annecy, amenant à leur suite grand nombre de gentilshommes, de nobles dames, de serviteurs de tout ordre qui se trouvèrent fort à l'étroit jusqu'au jour où il fut décidé qu'Annecy aurait une seconde enceinte. Ce fut très vraisemblablement vers le commencement du xiii⁰ siècle que, passant du projet à l'exécution, on bâtit la rue Grenette, le cul-de-sac (aujourd'hui rue de l'Evêché), puis la rue Filaterie, extrême limite des nouveaux murs protégés par une seconde ceinture de canaux qu'on ne pouvait franchir que par une seule porte, celle que l'on voit encore de nos jours sur la place Notre-Dame.

Moins de cent ans plus tard, par suite des largesses des pèlerins et des libéralités des comtes de Genevois, de chapelle rustique, Notre-Dame de Liesse devint Collégiale, et, vers le même temps, une troisième enceinte fortifiée, protégée par un nouveau canal, dit du Vassé, enserra dans ses murs les rues de Notre-Dame, de Bœuf, du Pâquier, ayant pour débouchés la porte de Brogny et celle d'Arbignier (Albigny).

Tandis que le corps de la ville s'allongeait, les bras s'étendaient en proportion au nord-est et à l'ouest, ayant en mains les portes de Tilly et du Sépulcre.

Grâce aux canaux servant tant à l'écoulement plus rapide des eaux du lac qu'à la protection de la cité, tous les abords d'Annecy s'étant considérablement assainis, on vit bientôt s'élever hors la porte de Brogny des bâtiments ruraux servant à l'exploitation agricole des Fins; des auberges, des industries de tous corps de métiers qui formèrent bientôt le quartier appelé le faubourg de Bœuf.

En 1822, les murs de la ville, flanqués de tours, ayant été démolis, des quartiers entiers surgirent de toutes parts, en donnant à Annecy la physionomie qu'on lui voit aujourd'hui.

Aucun souvenir de la première époque n'a été rapporté par la tradition; la tour seule de la Reine, se dressant haute et fière, dit que quelque chose d'émouvant s'est passé entre ses murailles; mais ses pierres sont muettes, silencieuses, et c'est à peine si un faible écho des temps passés, parvenu jusqu'à nous, nous permet de soulever le voile qui cache le mystère dont ce donjon a été le témoin.

Or, à l'époque où, par suite de la mort de Louis-le-Débonnaire, Lothaire, un de ses fils, régnait sur Annecy, ayant pour épouse la reine Tiedtberge, ce roi distingua une des filles au service de sa femme, la belle Valgrade qui, devenue favorite préférée du maître, brava tellement les convenances que la reine outragée dut réclamer son renvoi. Cette demande n'ayant obtenu aucune satisfaction, l'audace ainsi que l'insolence de la concubine augmentant au fur et à mesure de son empire sur Lothaire, les scènes conjugales prirent une telle acuité que le souverain songea très décidément à se débarrasser de celle qui ne lui plaisait plus.

Entre le meurtre et la prison, il balança longtemps; mais, comme dans sa débauche il montrait une grande piété, le chapelain du château obtint que l'infortunée princesse fut enfermée à perpétuité dans la tour réservée aux prisonniers de marque, il eut, en outre, la permission de la visiter chaque semaine afin de lui donner les secours de la religion. Grâce à cette autorisation, il put préparer les voies et moyens d'assurer sa délivrance.

Deux ans durant, le digne clerc ne cessa de chercher autour de lui des hommes dévoués, et quand il eut tout préparé à l'intérieur pour assurer une évasion certaine, il sollicita congé de son seigneur pour se rendre à Saint-Jean-de-Maurienne, ou, disait-il, un devoir pieux l'appelait; mais, de fait, il voulait s'aboucher avec des hommes résolus du dehors, afin que, l'heure venue, rien ne vînt mettre obstacle à l'exécution de son projet.

De retour de son prétendu voyage, dès qu'il eut présenté ses hommages à Lothaire, il reprit près de lui ses doubles fonctions de chapelain et de secrétaire; puis, quand le jour des dévotions de noble dame Tiedtberge fut venu, il se rendit près d'elle, portant sous sa soutane une échelle de soie armée de crochets pour la suspendre, de plombs pour la faire développer normalement jusqu'au sol.

Reine, lui dit-il, ce soir la lune entre dans son premier quartier, c'est vous dire qu'à l'heure de minuit, l'obscurité devant être à peu près complète, vous devrez monter sur la plate-forme du donjon crénelé, qui vous sert de promenoir lorsqu'il vous plaît de prendre le frais le soir, accrocher cette éc..elle aux rebords intérieurs des créneaux faisant face à Vovray, vous assurer, en soupesant, qu'elle touche bien terre, après quoi vous descendrez sans crainte, sans précipitation, car je réponds de tout. La sentinelle qui sera de faction sur le rempart défendant la porte principale du château est un homme qui nous est entièrement dévoué, c'est le brave Courcol, dont l'imagination, stylée par moi, saura trouver une légitime explication à votre disparition; enfin, à votre atterrissement, vous trouverez deux moines de l'abbaye de Talloires qui vous feront endosser un froc de bénédictin, vous conduiront au lac où une barque vous attendra pour vous mener à leur monastère, asile que vous ne quitterez que lorsqu'il vous plaira de fixer hors Savoie votre résidence. De mon côté, je veillerai à ce qu'aucune trace de votre évasion ne reste après vous, car, aussitôt votre descente effectuée, je monterai au sommet de la tour afin de retirer l'échelle pour la jeter ensuite dans les oubliettes, dont le jeu de bascule n'est plus un secret pour moi.

Tout se passa ainsi qu'il en avait été convenu; à minuit, la tour n'avait plus de captive; à deux heures du matin, l'abbaye de Talloires comptait, dans son cloître, un moine de plus.

Quand l'heure de relever Courcol de sa faction eut sonné, l'homme d'armes chargé de prendre la garde à sa place le trouva étendu sur le sol, la face contre terre, ne donnant plus signe de vie. Après être descendu au poste pour raconter ce qui se passait, il remonta avec deux hommes qui, prenant Courcol, l'un par les pieds l'autre par les épaules, le transportèrent sur le lit de camp, où les soins les plus urgents lui furent donnés. Le soldat ne revenait pas à lui, on fit aussitôt prévenir le clerc pour les devoirs spirituels, puis le maître-chirurgien du château pour les besoins temporels.

Tout cet émoi étant parvenu jusqu'à Lothaire, il se leva si précipitamment qu'il arriva sur les lieux presque en même temps que les hommes de Dieu et de la science.

Cependant, Courcol continuant à ne donner aucun signe de vie, le clerc se mit en prières, tandis que le maître-chirurgien l'ayant palpé, trouvé chaud, chercha le cœur et l'ayant senti battre, déclara que l'homme n'était point mort, mais en état de syncope, d'où il conclut que, pour le remettre sur pied, il n'était besoin que de lui faire absorber quelques bonnes gorgées d'eau-de-vie. Sitôt le spécifique administré, Courcol ayant ouvert les yeux, regardé autour de lui d'un air effaré, se mit brusquement sur son séant en s'écriant : Le diable!... Les chevaux!... La reine!... Le Ciel!...

A ces mots, Lothaire s'étant précipité au dehors pour se faire remettre les clefs de la prison où il tenait enfermée sa femme, s'élança dans la tour, qu'il visita de bas en haut, sans découvrir trace de celle qu'il y tenait prisonnière, comme aussi sans trouver d'explication à cette disparition.

Interroger Courcol devenait une nécessité absolue si on voulait connaître les mystérieux évènements qui s'étaient accomplis durant cette nuit néfaste.

Redescendu au corps-de-garde, le roi, jurant par tous les diables d'enfer, sauta sur Courcol, le secoua à le rompre, puis, le menaçant de le faire pendre haut et court s'il ne disait pas la vérité, toute la vérité, il lui ordonna de parler.

— Sire, au coup de minuit, la douzième heure venait de retentir dans le silence de la nuit, quand, alors que tout était calme, qu'au loin seulement on entendait le cri plaintif de la chouette, j'ouïs, au sommet de la tour, un rire satanique; je levai les yeux et, frappé de terreur à la vue de ce qui se passait là-haut, je tombai à genoux en me signant.

Là, le vieux routier fit une pause, comme prêt à retomber en défaillance, ce qui détermina le maistre-chirurgien à avoir recours à sa primitive ordonnance. Réconforté par deux ou trois lampées, il reprit :

—Là-haut, sur la plate-forme, se tenait un homme noir, monté sur un cheval de même couleur, ayant à ses côtés un autre cheval noir aussi, sur lequel je vis se mettre en selle noble dame Tiedtberge. Alors l'homme noir saisit les rênes du second coursier, éperonna le sien et, d'un bond, tout se précipita dans les airs. A cet instant, le rire satanique ayant retenti une seconde fois, je tombai frappé de terreur ; pour le reste, vous en savez autant que moi.

Le lendemain, à Annecy, l'étonnement ne fut pas moins grand qu'au château, chacun clignait de l'œil à son voisin en parlant de l'événement, mais, comme Lothaire avait droit de haute et basse justice sur ses terres, chacun comprit qu'il fallait se taire, ce qui explique péremptoirement pourquoi les chroniqueurs du temps se sont bien gardés de relater ces faits surnaturels dans les annales de la cité.

Nous ne donnons point cette anecdote comme absolument véridique, de peur de faire sourire de pitié les esprits forts; nous nous contentons seulement de la présenter comme n'ayant point été étrangere à la dénomination de *Tour de la Reine* donnée par nos ancêtres à ce colossal géant de pierre qui, sous la féodalité, excitait grand effroi chez bourgeois, manants et vilains, tant il portait haut la potence servant de cimier à sa couronne crénelée.

MENTHON

Là haut, perché sur la montagne, perdu dans le massif des arbres séculaires qui lui servent de décor, se dresse fièrement, malgré ses neuf cents ans, le château où naquit Bernard de Menthon, fondateur des Hospices du Grand et du Petit-Saint-Bernard.

Bernard était de race illustre; ses ancêtres portaient haut cette devise : *Ante natum Christum, jam baro natus eram*, et ne le cédaient pas d'un bouton aux de Sales qui, eux, portaient sur leur blason : *Antequam Abraham fieret ego sum.* Ne souriez point, bonnes gens, de prétentions si mesquines, alors que ces preux chevaliers eussent pu, comme vous et moi, faire remonter leur origine à noble Adam, empereur et roi d'Eden, lequel vivait l'an Iᵉʳ du monde, juste 4,004 ans avant Notre Seigneur Jésus-Christ.

Quoi qu'il en soit, la maison de Menthon était puissante, fort bien apparentée par ses alliances avec les de Duingt, les de Genève, les de Beaufort.

Or, ce fut en 923 que noble damoiselle Bernoline de Duingt donna à son très redouté seigneur et maître, le baron de Menthon, le seul enfant qu'elle devait mettre au monde, un fils dont le nom de baptême devait passer à la postérité comme synonyme d'amour et de charité, alors que dès 1008 son nom de patricien devait à jamais disparaître et ne plus figurer que sur une modeste pierre tombale du cimetière de Novare.

A peine sorti des mains des femmes, l'enfant fut confié aux soins d'un gentilhomme flamand, du nom de Germain, dont la réputation de science et de sainteté était grande en Genevois. L'élève donna extrême satisfaction à son précepteur, aussi vint un jour où le maître dut reconnaitre que le gentil Bernard avait si bien profité de ses leçons qu'il lui devenait impossible de plus rien lui apprendre.

Très flatté de voir son fils se comporter si honnêtement, que nul de son âge ne pouvait l'égaler, Richard de Menthon se décida à envoyer Bernard à Paris pour suivre, sous la direction de Germain, les cours des grandes écoles. La fréquentation de l'austère Germain, ses pratiques religieuses de tous les jours tournèrent Bernard vers le mysticisme et quand, après trois ans de séjour dans la capitale de la France, il rentra au château de ses pères, sa vocation religieuse était prête à se manifester au grand jour. Il s'en ouvrit à Bernoline de Duingt sa mère, qui confia ce secret à son époux, lequel fut fort mécontent ayant d'autres vues sur le seul enfant qu'il eût plu à Dieu de lui accorder. Le pauvre précepteur Germain, accusé de tout le mal, fut remercié de tous services et, après avoir séjourné quelque temps à l'abbaye de Talloires, se retira sur la cime de la montagne qui porte aujourd'hui son nom, du sommet de laquelle il pouvait voir encore le nid d'aigle où les destinées de son élève allaient se jouer hors de sa portée.

Le père de Bernard, ne voulant point voir son nom s'éteindre, signifia à son fils qu'il entendait le marier et que le premier devoir d'un gentilhomme était d'obéir à son père.

— Tant que mon salut n'a point été en jeu, je vous ai obéi respectueusement, mon père, répondit le jeune homme; mais aujourd'hui me soumettre à votre volonté serait me parjurer, ayant fait vœu de célibat.

— De par Dieu, mon fils, moi aussi j'ai fait un serment : j'ai juré que vous vous marieriez et vous vous marierez...

Le baron ne voulant point laisser traîner les choses en longueur, ni permettre à Bernard de se reconnaître, envoya, sur-le-champ, message à ses deux beaux-frères de Duingt et de Beaufort, les priant de se rendre près de lui en toute hâte pour chose d'importance. Cela pressait tant que l'écuyer chargé de porter les dépêches ne quitta point la selle qu'il ne fut de retour. Il fut suivi de près par les sires de Duingt et de Beaufort, l'un ayant traversé le lac en barque, l'autre ayant chevauché sur bon cheval de Tarentaise.

Grande chère fut faite et quand les appétits furent apaisés le sire de Menthon, levant une dernière fois le verre en l'honneur de ses hôtes, leur dit : Mes amis, mes bons parents, il est temps que je vous déclare le motif pour lequel je vous ai fait venir. Je veux marier Bernard et le plus tôt possible,

car je vieillis et je tiens de par Dieu à ce que mon fils unique continue ma race; c'est pourquoi je vous prie de m'aider de vos conseils sur la recherche de la maison où je le pourrai mieux loger. Ne vous semble-t-il point, comme c'est l'avis de Bernoline, ma femme, que Marguerite de Myolans est d'âge, de grâce et de fortune à s'allier à nous.

— Le choix est bon, à nul autre pareil, répondirent les sires de Duingt et de Beaufort; mais seulement qu'en pense notre gentil neveu ?

— Il ferait beau voir qu'il nous déjugeât; mais, soyez en paix, c'est lui-même qui va vous répondre, car je l'autorise à parler, mes chers beaux-frères.

— Mon père, mes bons parents et vous ma chère mère, dit alors Bernard en s'inclinant respectueusement devant chacun des siens, j'ai en très haute estime la belle, noble et vertueuse fille que vous me destinez; la seule objection que j'aie à présenter est que je suis bien jeune encore pour contracter mariage, alors surtout que rien ne presse.....

— Bien, bien, interrompirent les deux oncles en riant; nous donnons maintenant la parole à ton père.

— Vous savez, mes frères, que nous sommes en grosse amitié avec les Myolans; c'est vous dire que je considère ce mariage comme fait, si vous voulez bien conduire Bernard au Chef de ce nom, le lui présenter et vous entendre ensemble sur les accordailles.

— Si tel est votre bon plaisir, notre excellent frère, répondirent les sires de Duingt et de Beaufort, nous partirons demain au petit jour et comme il se fait tard nous vous demandons la permission de prendre quelque peu de repos, priant Dieu qu'il vous ait en sa sainte et digne garde.

Le lendemain, dès l'aurore, tout étant prêt pour le départ, chacun se mit en selle, le jeune Bernard revêtu d'habits somptueux comme s'il se fut agi d'une présentation immédiate. Ainsi, ils commencèrent à marcher leur chemin droit jusqu'à Myolans, Bernard fort marri de voir les choses tourner si mal à son avantage, se creusant la cervelle tout le long du chemin dans l'espoir de découvrir une issue à la passe difficile où il se trouvait engagé malgré lui. Peut-être bien que Dieu lui vint en aide et qu'avant de se trouver en présence de Marguerite son esprit s'était arrêté à une décision, son imagination à un expédient.

Arrivés à Myolans, il leur fut fait grand accueil et quand les dames eurent été saluées avec toute la courtoisie qu'on déployait en ces sortes de visites cérémonieuses, le sire de Myolans invita ses hôtes à passer en salle de conseil pour connaître des motifs de leur venue, s'ils avaient mission secrète à lui transmettre de la part de son bon compagnon et ami le baron Richard de Menthon.

Les quatre gentilshommes se trouvant seuls, le sire de Duingt ayant pris Bernard par la main, puis présenté, demanda pour son neveu Marguerite en mariage, s'en remettant entièrement au sire de Myolans pour la constitution de la dot qu'il comptait donner à sa fille, l'héritier des de Menthon étant assez riche pour prendre femme qui lui plaise.

Très heureux et fier suis de voir ma maison honorée par telles recherches; toutefois, permettez que je vous quitte un instant pour en parler aux dames.

Peu après, le sire de Myolans reparut le sourire aux lèvres et ayant, sitôt assis, fait part à ses visiteurs que leur demande était agréée, il leur annonça que, pour reconnaître l'honneur qui lui était fait d'une telle alliance, il lui plaisait que sa fille apportât la somme ronde de dix mille écus de Savoie. Maintenant, mes amis, buvons frais en attendant que ce soir, à table, le beau sire Bernard fasse promesse.

Le repas offert fut somptueux. Bernard, au coup du milieu, orna sa boutonnière de trois épis de blé liés en gerbe par des rubans, plaça un bouquet au corsage de celle qu'on lui destinait, lui remit une quenouille et, prenant lui-même en main une baguette d'ivoire, offrit son bras à Marguerite et en sa compagnie fit le tour de la salle du festin. La cérémon de la promesse venant d'être accomplie officiellement, selon les us et coutumes du temps, le sire de Myolans avant de se séparer de ses hôtes, remercia bien les sires de Duingt et de Beaufort, les priant d'annoncer au sire de Menthon que dans un mois, jour pour jour, il conduirait sa fille en son château, puis il permit à Bernard d'embrasser sa fiancée, ce que celui-ci fit en disant : Si jamais déplaisir vous vient de moi, ne m'en veuillez pas, ma mie, car ce serait la volonté de Dieu et non la mienne. Après ce propos, auquel personne n'attacha un sens particulier, on ne tarda guère à prendre congé les uns des autres, chacun ayant hâte de porter la bonne nouvelle à la connaissance de leurs bons parents et amis.

La herse levée, le pont-levis baissé, Bernard et ses deux oncles allaient se mettre en selle, quand les vassaux du sire de Myolans, hommes, femmes, enfants, barrèrent soudain le passage, tandis que deux d'entre eux interceptaient l'entrée de la poterne par un ruban de soie rose. A cette vue, Myolans donna des ordres à ses serviteurs.

Alors le plus hardi des gars, prenant la parole dit : Dans nos pauvres montagnes nous n'avions qu'une fleur et vous êtes venu pour nous la dérober; s'il plaît à Dieu il n'en sera pas ainsi, car, seigneur, nous nous y opposerons par la force. Et vous, noble et bien aimée damoiselle, nous vous supplions de ne point nous retirer l'aide, les bienfaits, les secours que votre main charitable ne nous ménageaient point.

L'orateur, plein de feu, allait sans doute continuer, quand, découvrant dans la cour du château des tables chargées de biscuits, de dragées, de rafraîchissements, il resta coi; ce que voyant, chacun se mit à rire.

Marguerite, profitant de cet accès de bonne humeur, répondit en rougissant : J'ai fait serment d'amour à messire Bernard de Menthon, aussi je vous prie de l'aimer autant que moi-même, certains que vous serez ainsi d'avoir deux cœurs, au lieu d'un, à votre dévotion. Conduite par Bernard, elle coupa par le milieu le ruban qui mettait obstacle au départ de son futur époux, s'en adjugea une moitié puis, ayant distribué l'autre partie à ses proches, elle invita les vassaux de son père à faire liesse.

Ce fut au milieu des toasts, des acclamations que le départ se fit et on eut bien étonné le sire de Myolans en lui apprenant que son futur gendre le quittait fort contrit des engagements qu'il venait de contracter.

Cependant Bernard ne partageait point la joie de ses oncles, ce qui irrita fort son père et lui donna à penser qu'il serait peut-être prudent d'empêcher un coup de tête possible par une claustration absolue jusqu'au jour des noces. Et tel était le respect de l'autorité paternelle en ce temps-là que Bernard se soumit sans protester et attendit dans la prière qu'il plût à Dieu de le délivrer.

On était à la veille du jour fixé pour les

noces; la nuit tombait lentement quand un dernier rayon de soleil venant frapper en plein visage le prisonnier lui fit lever les yeux. Pour la première fois, il s'aperçut que la haute et étroite fenêtre de la chambre qu'il avait habitée toute sa vie était barreaudée; il s'en approcha lentement, mit la main sur le fer, le palpa, le secoua et le voyant inébranlable, entra de nouveau dans la prière mais cette fois debout, le regard fixé sur la montagne où Germain, son cher maître, avait planté si haut le signe de la Rédemption qu'il semblait se détacher de la terre pour planer sur la nature entière. Fuir, fuir, murmurait-il, mais comment! Mon Dieu, venez-moi en aide!..... Soudain, courant à un vieux bahut, il tira d'un de ses tiroirs plusieurs outils, se saisit d'une lime et, dominé par la seule pensée de se consacrer au Seigneur, ne calculant ni les difficultés du fer à scier, ni les dix-huit pieds qui le séparaient du rocher qui sert encore aujourd'hui d'assise à ce côté du château, il fit agir la lime tant et tant que, le barreau ayant cédé, il s'élança dans le vide et sans accident autre qu'une forte secousse, se trouva sur ses pieds.

Que ceux qui ne croient point aux miracles se rendent au château de Menthon; là, sous la fenêtre qu'on prétend avoir été la chambre de Bernard, ils verront empreinte sur le rocher même où eut lieu le saut périlleux la semelle des souliers du fuyard. Quant à nous, nous avouons humblement ne point ajouter foi à ce saut périlleux, attendu que la fenêtre au barreau coupé par où on prétend que Bernard s'est évadé est d'une architecture postérieure à lui de plusieurs siècles.

Grâce à une nuit sans étoiles, le fugitif put gagner la montagne sans être inquiété, voir Germain et lui demander conseil.

Dans quelques instants, Bernard, lui dit l'ermite, l'astre des nuits, qui jusqu'ici a favorisé votre évasion, paraîtra au firmament; profitons donc de la clarté qu'il va répandre sur la terre, pour faire ensemble, une dernière fois, l'ascension de la Tournette, afin de nous rapprocher le plus près possible de Celui qui est le guide des affligés.

A l'aube, Germain et Bernard, debouts sur le sommet de la Tournette, contemplaient la chaîne des Alpes, quand leur attention fut attirée par le mouvement d'une troupe en marche, suivant à 2,350 mètres au-dessous d'eux la route qui mène de Talloires à Menthon.

Les voici! s'écria Bernard. Une fois encore, Germain, le temps presse, indiquez-moi la voie que je dois suivre?

Alors, Germain, étendant le bras dans la direction du mont Joux, s'écria d'un ton inspiré: Allez planter la Croix, là-bas, sur ce sommet. Chevalier vous êtes par droit de naissance, portez-y l'épée; chrétien vous êtes par le baptême, secourez-y vos semblables.

Et tandis que les deux hommes se séparèrent pour ne plus jamais se revoir, le sire de Myolans ayant à sa droite sa femme et à sa gauche sa fille, se présentait bien escorté sur les terres de Menthon, ce dont étant prévenu, le maître de céans se porta à la chambre de son fils pour le prévenir qu'il eût à monter à cheval afin d'aller au-devant de son épousée. Ayant heurté à la porte sans recevoir de réponse, il appela inutilement, ce que voyant, il mena grand tapage jusqu'à ce que ses gens fussent accourus. Alors il donna l'ordre d'enfoncer la porte puis, chose faite, ayant trouvé la chambre vide il marcha droit à la fenêtre, découvrit qu'un des barreaux en avait été scié et comprit enfin que la volonté de Dieu avait été plus forte que celle du père. Abîmé de douleur et voyant sa femme se lamenter, il lui dit: Séchez vos larmes pour ne songer qu'à amortir le coup que nous allons porter, bien contre notre gré, à l'amour-propre de messire de Myolans.

Le seigneur de Myolans, furieux de l'aventure, blessé dans son orgueil de race, ne pouvant contenir sa rage, s'écria avec emportement: Par mes pères, nous allons faire une noce d'un autre genre! Repassant subitement le pont-levis, sans plus rien écouter, il envoya, dès qu'il ne se trouvât plus sur les terres de celui qu'il considérait dès l'instant comme son plus mortel ennemi, défi au baron de Menthon, jurant de ne plus boire de vin de sa vie tant que l'outrage reçu n'aurait pas été lavé dans le sang. Alors, s'adressant à Marguerite: Ma fille, lui dit-il, il y a de plus illustres maisons en Savoie que les Menthon qui tiendront à grand honneur de te choisir pour orner leur blason d'un nouveau lustre.

Bernard, mon père, avait fait vœu d'appartenir au Seigneur et, pour ne point se parjurer, il s'est enfui: le seul tort du sire de Menthon est d'avoir voulu contrarier la vocation de son fils, mais il n'est point coupable envers vous ni envers ceux qui vous touchent de près ou de loin ; s'il vous plaît, laissez en paix ce bon seigneur dans son affliction. . . . .

Trois ans après, Marguerite de Myolans entrait dans les ordres, consacrant sa vie, elle aussi, au soulagement des malheureux.

DUINGT

Duingt est admirablement situé sur les bords du lac d'Annecy, au pied du Semnoz, dont les rampes couvertes de bois servent de cadre à ce riant village.

De son antique forteresse, dont la masse imposante se reflétait de toutes parts dans le miroir des eaux, il ne reste plus aujourd'hui qu'une tour crénelée qui, en émergeant fièrement au-dessus de la verte feuillée des arbres séculaires qui l'environnent, donne à ce site un aspect moyen-âge, tel que Walter Scott n'en a jamais rêvé de plus romantique. Du haut de cette tour, on embrasse toute l'étendue du lac ; sous la féodalité, elle servait à transmettre les signaux qu'échangeaient entre eux, par feux ou par bannières, les hauts barons, pour l'attaque ou la défense.

En ce temps-là, noble Richard, seigneur de Duingt, avait, pour garder sa maison forte de Beau-Vivier, le jeune et gentil escuyer Réné d'Avertières, dont le dévouement à son maître était égal à l'amour qu'il ressentait pour la belle Primoda, sa fille. Celle-ci ne resta point insensible aux sentiments de Réné ; mais, comme ils étaient séparés et ne pouvaient s'entretenir à leur gré, il s'établit entre eux une correspondance dont le secret était d'autant mieux gardé que le messager était une tourterelle élevée tout exprès pour cet usage par les deux amants.

Longtemps dura ce commerce amoureux ; il aurait même duré beaucoup plus longtemps encore si Primoda, recevant un jour sa correspondance mystérieuse, n'avait été surprise par son père, au moment où elle détachait de la patte de l'oiseau la faveur rose qui retenait le billet de son ami. La jeune fille, aussi pure que belle, ne cacha rien à son père. Noble Richard, loin de blâmer sa fille, lui confessa au contraire qu'elle avait bien placé sa foi : seulement il lui fit jurer sur les saints évangiles de ne plus penser à d'Avertières, tant qu'il n'aurait pas été armé chevalier. Quelques heures après, il fit comparaître devant lui son escuyer, lui signifia sa volonté et, comme pour sa fille, lui fit jurer sur les saints évangiles qu'il quitterait le lendemain le pays pour ne plus y reparaître qu'avec les éperons d'or.

Avant de s'éloigner pour toujours peut-être de celle qu'il aimait, d'Avertières obtint du seigneur de Duingt que Primoda garderait, en souvenir de lui, la tourterelle qui avait servi si fidèlement leurs amours.

Partez donc maintenant Réné, puis revenez-nous tôt, lui dit Richard, afin que, s'il plaît à Dieu, je puisse, avec la main de Primoda, vous donner en apanage le fief de Beau-Vivier.

Amédée V, politique habile, comprenant que la croisade prêchée par Pierre l'Ermite pour conquérir le Saint-Sépulcre devait nécessairement entraîner la chute de la féodalité et lui donner, ainsi qu'à ses successeurs, les moyens de s'affranchir plus vite de ses rivaux en puissance, assembla sa noblesse puis, au cri de : « Dieu le veut! » la poussa à aller se faire exterminer sous les murs de Jérusalem. Ce qui met hors de doute l'arrière-pensée de ce prince, c'est qu'il se garda bien de prendre lui-même part à cette expédition d'outre-mer, dont le résultat fut l'anéantissement à peu près complet de toute cette fleur de chevalerie qu'il rêvait de tuer en la saignant aux quatre membres.

D'Avertières ne pouvait trouver une occasion plus favorable pour faire ses preuves; aussi fut-il un des premiers qui firent voile vers l'Orient. Il donna contre l'ennemi avec tant de courage qu'il fut fait chevalier sur le champ de bataille et reçut l'accolade de Godefroy de Bouillon lui-même. Un jour cependant, emporté par son ardeur, la fortune le trahit; il fut grièvement blessé, tomba au pouvoir des Infidèles et, faute de rançon, dut racheter sa liberté par sept années de travail forcé.

Alors que d'Avertières gémissait de sa captivité, on le croyait mort à Duingt, car, les quelques survivants de la première croisade qui étaient rentrés en Savoie assuraient l'avoir vu tomber au plus fort de la mêlée, sans en avoir oncques jamais plus ouï parler.

Bien certaine alors que son bien-aimé était passé de vie à trépas, Primoda pleurait, pleurait toujours, s'absorbant dans ses pensées douloureuses sans cesse les mêmes, depuis qu'elle avait perdu tout espoir de revoir jamais celui qui avait emporté son cœur. Son attitude accablée, l'altération de ses traits révélaient les cruelles angoisses de son esprit. Les paroles de tendresse de son père étaient impuissantes à la consoler. Peu à peu sa santé s'altéra; elle languit, s'alita jusqu'à l'heure où la mort, émue de son martyre, la toucha du doigt à la tombée des feuilles.

Le lendemain qu'elle eut rendu son âme à Dieu, le soleil était radieux; il y avait fête dans l'air; les cloches sonnaient les fiançailles de Primoda avec le sommeil éternel, ou plutôt l'entrée de son âme dans le ciel. La nature semblait s'être revêtue de ses plus beaux atours. L'air était parfumé comme à l'aube d'une journée de printemps, alors que cependant on était aux premiers jours d'automne.

Ce matin-là, sortait d'Annecy, se dirigeant sur Faverges, un chevalier tout bardé de fer, mal monté, quoiqu'ayant éperons d'or. Ce chevalier n'était autre que René d'Avertières.

Épuisé par la maladie, exténué de fatigue, il hâtait le pas de sa monture, tant il paraissait avoir désir d'arriver au terme de son voyage.

En approchant de Duingt, son regard, devenu anxieux, cherchait à lire sur la physionomie des personnes suivant le même chemin que lui les causes de cette affluence de gens répondant à l'appel du glas funèbre qui tintait lugubrement dans les airs; mais il n'osait interroger. Surmontant son émoi, il questionna sur le deuil qui semblait frapper la contrée; il reçut, pour toute réponse, ces simples mots : L'ange de Duingt s'est envolé pour toujours.

Plus d'incertitude, c'était Primoda que l'on portait en terre.

Atterré, les larmes inondant son mâle visage, le chevalier mit pied à terre, s'approcha du cercueil et, consolation suprême, put encore contempler une fois les traits chéris de son amie.

A la fin de l'office, s'avançant pâle et chancelant, il déposa un pur et premier baiser sur le front de sa fiancée et roula sur le sol. Il était mort ! . . . .

Le destin les avait séparés dans la vie, l'amour plus fort les réunit dans le même tombeau.

CHAVAROCHE & MONTROTTIER

Les maisons de Pontverre-Chavaroche et de Montrottier, d'humeur querelleuse et batailleuse, ne vécurent pas côte à côte sans être souvent aux prises entre elles. Tous leurs différends se réglaient d'ordinaire par le vol, le pillage, l'incendie, parfois aussi le meurtre. Tout cela aboutit à la ruine des sires de Pontverre et de Montrottier.

Voici les événements qui entraînèrent cette chute :

Une gente fille de Marcellaz, se rendant aux fêtes des environs, fut remarquée par le seigneur de Montrottier. Ce châtelain était beau et n'eût point de peine à se faire écouter de la belle enfant qui, sage pourtant, ne consentit à folles amours. Un mariage secret les unit, à l'heure de minuit, dans l'église de Marcellaz. Il fut convenu entre les parties contractantes, afin de n'exciter aucun soupçon de mésalliance, que la jeune épouse ne passerait au château que six jours sur sept et que la veille de chaque dimanche elle rentrerait chez son père, pour assister publiquement aux offices divins.

Durant quelques mois, tout se passa ainsi qu'il en avait été convenu ; mais un jour, le sire de Montrottier, ayant appris par le prêtre qui leur avait donné la bénédiction nuptiale, que le sire de Pontverre, qui possédait un pavillon de chasse à Marcellaz, ne négligeait aucune occasion pour séduire celle qu'il croyait toujours sa vassale, envoya défi par héraut d'armes à son ennemi mortel, en faisant clouer son gantelet de fer sur la porte d'entrée de Chavaroche. Le défi fut accepté, quoique le sire de Pontverre ignorât les causes du combat singulier qui lui était offert. La rencontre eut lieu dans un pré qui s'appela dès ce jour le Pré du Seigneur.

L'attaque fut terrible, mais terribles aussi étaient les champions ! Le combat ne fut point long, tant des deux côtés on y allait bravement. Enfin, un des combattants tomba sous les coups de son adversaire : c'était Pontverre ! Montrottier, voyant son adversaire grièvement blessé, lui dit alors : Tu avais eu l'audace de porter les yeux sur ma femme, Dieu t'en a puni par mon bras ; en loyal chevalier, j'aurais le droit de t'achever ; mais je te fais grâce au nom de celle qui portera bientôt mon nom au grand jour.

Peu de temps après ce duel mémorable auquel les hommes d'armes, sur l'ordre de leur maître, n'avaient assisté que comme témoins, le sire de Montrottier se rendit à Genève auprès de l'évêque Pierre de la Baulme, pour obtenir de ses bons offices que le duc Charles de Savoie ainsi que le pape Clément voulussent bien sanctionner l'hymen qu'il avait contracté en Savoie.

Durant sa longue convalescence, le sire de Pontverre, apprenant par ses émissaires le voyage de Montrottier à Genève, lança à ses trousses un de ses plus fins limiers, avec mission de faire tomber son ennemi dans un guet-apens où il laissât la vie.

Un soir que Montrottier regagnait son hôtellerie située rue d'Enfer, il renversa un enfant qui s'était jeté entre ses jambes ; aux cris poussés par le garçonnet, une troupe d'hommes armés se rua sur lui en le perçant de coups, après quoi son corps fut transporté à Porte-Neuve, d'où il fut précipité dans les fossés.

A l'annonce de la fin tragique de son seigneur et maître, la dame de Montrottier, veuve et sans lignée, s'enferma dans un cloître, et oncques jamais nul ne la revit.

Furieux de voir que sa proie lui échappait pour la seconde fois et pour toujours, Pontverre résolut de se venger du prêtre qui lui avait attiré blessures de corps et d'amour-propre. Dès qu'il se sentit assez fort pour faire chasse à courre, il se rendit avec ses équipages, ses meutes et ses piqueurs en son pavillon de Marcellaz. Toute une semaine, la contrée retentit du bruit de la chasse qui était menée à corps et à cris. Le dimanche venu, le sire de Pontverre assista à l'office et, dès que le prêtre eut quitté l'autel, il rentra précipitamment en son pavillon qui faisait face à la maison de Dieu. Quand le desservant, pour rentrer à son presbytère, parut sur le seuil de l'église, un coup de feu, parti de chez Pontverre, l'étendit raide mort.

Accusé par les témoins de sacrilège, arrêté, conduit à Chambéry, jugé, il fut condamné à avoir la tête tranchée sur le lieu même où la victime avait été frappée et, afin que ce châtiment restât à perpétuité dans le souvenir des gens du pays, l'arrêt portait qu'après la décapitation la tête du supplicié serait placée au-dessus du porche de l'église, en une petite fenêtre grillée. Aujourd'hui, cette tête se trouve toujours dans la Maison du Seigneur, mais elle a été déplacée; pour la voir, il faut entrer dans le clocher où elle se trouve encastrée très visiblement dans la muraille.

Des deux châteaux de Chavaroche et de Montrottier encore debouts, ce dernier est le seul qui attire l'attention. C'est un objet de curiosité survivant au temps, pour attester de nos jours la toute-puissance de la force. La féodalité avait été la vie de ce burg; en disparaissant, elle fut sa fin.

Les pierres, pas plus que les hommes, ne sont exemptes de décadence, Montrottier ne fait point exception à la règle. En vain, son donjon se dresse-t-il toujours majestueux au-dessus des Gorges du Fier, ce n'est plus que le morne débris d'une ère pour toujours disparue, auprès duquel tous êtres autres que archéologues, artistes ou poètes, passent indifférents.

Sic transit gloria mundi!

SALLENOVES

Je ne répéterai point ce qui a été dit sur le château de Sallenóves, laissant à plus érudit que moi le soin de rechercher les origines de ce vieux manoir tout délabré.

Sallenóves est un château très ancien, aujourd'hui percé à jour comme une toile d'araignée; mais ses murailles sont si épaisses, si noires que tout fait présumer que, depuis longtemps, les auteurs de ses jours sont devenus bien minces sous la froide pierre de leurs tombeaux.

Subissant la loi commune, ce vieux reste des temps féodaux aura bientôt disparu sous la faulx du temps, et où, jadis, piaffaient les palefrois des nobles dames et des fiers chevaliers, on verra bientôt pousser la pomme de terre...

Heureux pays de France où tout ce qui était grand disparaît pour faire place à l'industrie ainsi qu'à la pièce de cent sous, depuis que l'homme est devenu si petit, si faible qu'il ne peut non seulement plus porter les armes de nos preux chevaliers, mais encore que, pour travailler, il est forcé d'avoir recours à la machine.

Et ces arbres centenaires précédant le château, qui tous sont tombés, les uns après les autres, sous la cognée du mercantilisme, n'ont-ils point gémi en tombant sur le sol! Mais qui y a pris garde? Ne disaient-ils pourtant pas que là où il y a eu feuillage, il y a eu jeunesse, amour et que, sous leur ombrage, bien des châtelaines ont attendu leurs seigneurs et maîtres pour leur donner l'accolade du retour.

Nul ne se souvient de tout cela c'est,

pourquoi j'entreprends de soulever le voile des temps passés, cherchant à faire revivre ce qui n'est plus.

Berthe la Blonde, fille du comte de Genevois, avait affolé d'amour le sire de Sallenôves et le Vidomne de Chaumont (1).

Le père de la jeune damoiselle les tenant tous deux en fort haute estime, ne voulant d'autre part accorder la préférence à aucun d'eux de peur de se faire un ennemi de celui qu'il aurait évincé, prit le parti de leur déclarer que, dans le grand embarras où il se trouvait de faire un choix, il les priait de s'en rapporter au sort des armes dans le plus prochain carrousel qui aurait lieu en Savoie.

En 1272, Amédée V, se rendant en Bresse pour épouser Sybille de Beaugé, emmena une suite nombreuse de gentilshommes savoyards, parmi lesquels se trouvaient les sires de Sallenôves et de Chaumont.

Les fêtes qui eurent lieu à Bourg, à l'occasion de ce mariage, durèrent trois jours, et, au nombre des réjouissances auxquelles prirent part les noblesses des pays de Bresse, de Dombes, de Bugey, de Savoie, il y eut une vesprée de tournois. Parmi les combattants se trouvaient les deux aspirants au cœur de Berthe la Blonde, et, d'un commun accord, les deux rivaux convinrent que le vaincu céderait la place au vainqueur pour obtenir mercy d'amour de celle qui avait toutes leurs pensées.

Après plusieurs passes brillantes où les chevaliers luttèrent avec acharnement pour remporter la victoire, Sallenôves fut désarçonné, ce que voyant Chaumont sauta à terre, lui tendant généreusement les mains pour l'aider à se relever. Cet acte de courtoisie excita au plus haut degré l'enthousiasme de l'assemblée; aussi fut-ce au milieu des acclamations que le vainqueur fut conduit par le grand Sénéchal aux pieds de Sybille de Beaugé, de la veille duchesse de Savoie, pour recevoir le prix de son adresse et de sa vaillance.

— J'ai grand plaisir, dit la gracieuse souveraine, en couvrant la tête de Chaumont d'une couronne de lauriers, d'être aujourd'hui reine de beauté, car, par don de joyeux avènement, j'ai mission de vous remettre cette écharpe qui a été brodée, m'a dit mon ducal époux, par celle que vous aimez et dont vous venez d'obtenir la main en si parfait chevalier.

Trois mois ne s'étaient point écoulés que Berthe la Blonde, devenue dame de Chaumont, faisait son entrée solennelle dans le château-fort dont le Vidomne était le redouté seigneur et maître.

Leur bonheur fut de courte durée !

Un soir que les deux époux devisaient de l'humeur farouche du sire de Sallenôves qui, depuis leur mariage, ne paraissait plus nulle part, ne chassait plus, tant, disait-on, il prenait plaisir à vider ses caves à lui tout seul, un héraut d'armes d'Amé de Savoie se présenta porteur d'un message enjoignant au Vidomne de faire diligence afin de le venir joindre avec tous ses gens d'armes pour aller à la conquête du Saint-Sépulcre.

Esclave du devoir, Chaumont s'empressa d'obéir à son Suzerain en emmenant avec lui tout ce qui était capable de porter les armes; mais il savait que sa forteresse, le pont-levis levé, était à l'abri de tout coup de force, aussi fut-ce sans crainte qu'il y laissa sa femme sous la sauvegarde d'un vénérable chapelain à barbe blanche, assisté seulement d'un varlet d'âge tendre.

Invité, comme tous ses pairs, à participer à la levée de boucliers que commandait Dieu contre les Infidèles, le sire de Sallenôves, prétextant le mauvais état de sa santé, s'excusa de ne pouvoir prendre part à cette expédition. Pour donner créance à son dire, il se confina de plus en plus dans une retraite presque absolue, ne permettant à ses gens de pénétrer dans ses appartements que pour les besoins du service ou sur son appel.

A quoi passait-il ses journées ? Nul n'aurait pu le dire ! Et cependant, toute sa vie se passait au grand jour, en pleine lumière, sans que personne ne pût reconnaître dans le bûcheron traversant la forêt du Vuache, ou le braconnier tendant des lacets dans les bois de Musièges, le noble seigneur qui, bien avant le jour, avait fui par des souterrains son manoir pour découvrir, sans

---

(1) *Vidomne.* — Titre et dignité que possédait un seigneur de Savoie, dont les fonctions répondaient à celles des Vidames de France. Les Vidomnes de Savoie avaient été institués pour défendre les biens temporels de l'Église et de l'Évêque, dont Genève, à cette époque, était la résidence.

être vu, la forme blanche de celle qu'il avait aimé, de celle qu'il aimait encore quoique femme d'un autre.

La croisade venait de finir. Des cinq cent mille fantasssins, des cent mille cavaliers partis pour la Syrie, cinquante mille seulement revinrent au beau pays de France, tout le reste ayant péri par naufrages, par épidémies contagieuses ou sous les coups des Sarrazins ; mais l'œuvre politique était accomplie, et de cette immense hécatombe mourait la féodalité en donnant le jour à la chevalerie.

Depuis longtemps déjà les croisés de retour de Palestine avaient regagné leurs donjons sans qu'aucun d'eux pût donner à Berthe de Chaumont bonne ou mauvaise nouvelle de son doux ami.

En apprenant que la belle châtelaine se berçait encore de l'espoir de n'être point veuve, de Sallenôves conçut le projet infernal de satisfaire à la passion qui le dévorait en se substituant à l'époux dont la mort n'était point authentique.

A cet effet, un soir d'automne que la nuit était sombre, que le vent soufflait avec rage, que tout faisait prévoir qu'une tempête effroyable allait éclater, le félon chevalier, ayant revêtu une armure en tout semblable à celle que portait à son départ le sire de Chaumont, descendit dans la cour d'honneur, enfourcha le cheval de bataille qu'on lui amena, prit la lance que lui tendait son escuyer, puis, sitôt le pont-levis baissé, s'élança à fond de train dans la direction des Usses. En cet instant l'orage éclate, la pluie tombe à torrents : tout annonce que dans cette nuit les eaux causeront de grands désastres le long de leur parcours.

Qu'importe à de Sallenôves le déchainement des éléments ! Tout absorbé de réussir dans son entreprise, il précipite l'allure du coursier, qui le porte, non pour se soustraire à la tempête, mais pour en profiter en se couvrant de ses ténèbres.

Enfin il approche du château où son criminel projet le pousse ; il en aperçoit la masse sombre, s'éclairant à de rares intervalles sous la lueur sinistre des éclairs. Le silence le plus profond régnait au château ; on l'eût cru même inhabité si une pâle lumière n'eût filtré à travers les vitraux du guet, où veillait le jeune varlet chargé du service du pont-levis.

Arrivé aux fossés d'enceinte, de Sallenôves sonne trois fois du cor ; presque aussitôt, de l'ouverture d'une meurtrière, une voix jeune mais perçante lance cette demande : Qui va là, à cette heure ?

— Ne me reconnais-tu point, garçon ? Je suis le seigneur de céans ; vite donne-moi passage pour que, sans plus tarder, je fasse de nouveau serment d'amour aux genoux de ma gente dame.

Eperdu du bonheur de revoir son noble maître, le jeune varlet, oubliant toute prudence, lève la herse, abaisse le pont-levis, et, courant au château pour annoncer la bonne nouvelle, se heurte au chapelain qui venait s'informer de ce qui se passait de l'autre côté des remparts.

L'orage avait tourné en tempête effroyable où les trombes d'eau, les grondements du tonnerre, les mugissements du vent formaient un trio à couvrir toute voix humaine ; toutefois, le chapelain comprenant, au bruit des fers d'un cheval résonnant sur le pavé, qu'un étranger était entré à son insu au cœur de la place, cria au varlet : Malheureux enfant ! qu'as-tu fait ? A quel sentiment as-tu obéi en transgressant mes ordres ? Alors une voix mâle et rude répondit pour le jeune varlet : Avant vos ordres, messire chapelain, il y a ceux du sire de Chaumont ; aussi, de par tous les diables, venez çà quérir ma lance afin que je puisse, sans plus tarder, mettre pied à terre.

Le chapelain, ne reconnaissant ni la voix, ni le courtois langage du bon seigneur qui était son maître, sentit que tout était perdu si Dieu ne lui venait en aide sur le champ ; alors, d'une voix que l'indignation autant que la colère rendaient d'une extrême puissance, il lui lança cet anathème : « Chevalier déloyal et méchant, je te reconnais, tu es le sire de Sallenôves ; comme tu n'es ici que par surprise et que je lis dans ton âme tes projets criminels, je te maudis en ton nom, en tes armes, en ton blason, jusque même en ton cheval, et frappant en outre d'excommunication, ainsi que j'en ai pouvoir de par notre sainte mère l'Eglise. »

A peine ces derniers mots venaient-ils de retentir que la foudre, se détachant du ciel en spirale, vint s'abattre entre l'homme de Dieu et le suppôt de l'enfer. Le cheval effrayé se cabre, pirouette sur lui-même et, s'élançant comme un ouragan sous la voûte de la poterne restée ouverte, se précipite dans la direction du seul endroit par où il puisse regagner son écurie, le pontet des Usses. Emportée par une terreur folle, la bête ne reconnaît plus ni la main, ni la voix de son maître; son allure devient telle que de Sallenôves se sent perdu si, le pontet ayant été emporté par les eaux, il ne parvient, avant d'arriver aux Usses, à maîtriser son enragée monture. Se repliant sur lui-même avec toute l'énergie que donne un danger de mort, il tire la bride si fortement à lui qu'elle se brise et que le cheval, rendu à toute sa liberté, continue de descendre avec la rapidité de l'avalanche. Un bruit sourd se fait entendre : homme et cheval viennent d'entrer d'un bond en lutte avec les eaux. Presque au même instant, un hennissement avec un blasphème se perdirent couverts par la voix de la tourmente !...

Le lendemain, les Usses avaient repris leur aspect accoutumé, n'ayant r'en rendu de ce que leur avait confié la justice divine.

Tandis que cheval et cavalier périssaient dans les Usses, que dame Berthe de Chaumont remerciait Dieu d'avoir sauvé son honneur de toute tache, l'orage changeait de direction et la foudre, rencontrant sur son passage le château de Sallenôves, y mit le feu, le détruisit, ne laissant de son antique splendeur que ce que le passant y voit de nos jours... des ruines!

Depuis lors, à chaque orage de nuit on entendait un tapage infernal sous les voûtes des salles supérieures, ouvertes à tous les vents; longtemps les tenanciers du lieu n'osèrent se hasarder à contempler le cheval-fantôme qui venait, croyait-on, demander aux vivants des prières pour son maître défunt en grand péché mortel et privé de sépulture chrétienne.

Un soir d'hiver pourtant, il arriva qu'un censitaire nouvellement installé dans le logis, moins poltron, moins superstitieux que ses devanciers, se décida à monter, sur le coup de minuit, au faîte du logis pour voir, au besoin combattre le cheval-fantôme, alors qu'il menait si grand train qu'on n'y pouvait tenir. Il prit une fourche à l'écurie, monta bravement au sommet de l'édifice et ne vit rien qu'une grande baie ouverte à tous les vents, par où la bise soufflait avec rage.

— Qu'as-tu vu? lui dit sa femme en grelottant de peur.

— Rien autre chose que le vent s'engouffrant par une grande brèche en secouant toute le masure; aussi m'est avis qu'il y a là-haut assez de matériaux pour barrer passage à l'ouragan le plus impétueux.

Le lendemain, le brave homme boucha de son mieux la baie ouverte cause de tout le tapage qui se faisait lorsqu'il y avait tempête : depuis lors on dormit très bien au château de Sallenôves.

De ce château, il ne reste plus d'habitable que la vaste cuisine, dont le manteau de la cheminée, écussonné aux armes des Sallenôves, semble vouloir encore tenir sous sa protection ceux qui viennent s'y abriter.

Dans quelques années, on cherchera vainement trace du manoir de Sallenôves; à toute heure une pierre s'en détache, et le temps n'est point loin où le passant, demandant à un berger ce que sont ces amas de décombres, recevra cette réponse : J'ai toujours vu là ces pierres, mais je ne sais pas leur histoire.

FÉTERNES

Au pays de Gavot s'élevait, en une nuit et par magie (1249), un magnifique château-fort qui fut inféodé par Amédée de Savoie à son frère Pierre; celui-ci le légua à sa femme, Agnès de Faucigny; à la mort d'Agnès, il passa aux Compeys, aux Lucinges, aux Féternes, enfin aux d'Arbigny. Ce fut sous ces derniers qu'il disparut comme il était venu, en une nuit et par magie, en 1598, après trois siècles d'existence.

En ce temps-là, dame Aymonette, épouse de Guillaume, seigneur de Féternes, alors guerroyant contre les infidèles, mit au monde trois filles le même jour; sa joie fut très grande, mais aussi grand fut son embarras, car elle n'avait demandé qu'une seule marraine et cette marraine était la célèbre fée Phœbis dont l'influence était très redoutée dans la contrée. La noble dame Aymonette l'avait à dessein choisie, afin que son enfant, mis ainsi sous sa protection, fût à l'abri de sa maligne influence.

Nous verrons, par la suite, si cette noble dame eut raison de faire un semblable choix.

Ce qu'il y a de certain, d'après la tradition, c'est que nulles gentes damoiselles n'osaient, en telle compagnie, tenir sur les fonts baptismaux les autres filles sur lesquelles on comptait si peu. Ce fut en vain que la marquise de Féternes fit faire les propositions les plus instantes aux personnes de son entourage, chacun déclinait un tel honneur, sous un prétexte quelconque, tant on craignait les maléfices de la fée Phœbis.

En attendant qu'on pût parer aux difficultés de la situation, on allait tout d'abord procéder au baptême de l'aînée des trois filles, quand on vint annoncer à l'accouchée que deux dames inconnues, mais de haut lignage, voyageant incognito sous les noms d'Aglaure et de Moussarine, apprenant son embarras s'offraient à servir de marraines à ses deux autres petites filles.

Introduites aussitôt près de la châtelaine, elles excitèrent sur tout leur passage l'admiration, tant aux hommes elles paraissaient jeunes, belles et modestes, tant aux femmes elles paraissaient simples, bonnes et pleines de grâces sous leurs riches parures. L'une, blonde, était vêtue d'une ample robe de gaze blanche, recouverte des épaules aux genoux d'une tunique de velours bleu-de-ciel; sa tête était ornée d'une torsade également de gaze blanche, dont le nœud, placé à gauche, retenait un bouquet de bluets et de coquelicots tombant en grappes sur l'oreille. L'autre, brune, portait une longue robe en velours vert-de-mer toute garnie de perles en corail jusqu'aux genoux; ses bras et son cou en étaient également ornés; sur le côté droit de sa tête était posée une ravissante toque chenillée, également vert-de-mer, entre laquelle serpentaient de petites perles aussi en corail qui, se réunissant en bouquet, retombaient en grappes légères et flexibles sur l'épaule.

A leur entrée, la fée Phœbis les considéra attentivement; puis, leur tournant le dos avec dédain, se mit à la tête du cortège. Par ses airs, elle semblait dire: Quelles sont ces péronnelles qui osent ainsi se mettre de pair avec moi? En effet, pour cette solennité, la fée Phœbis se montrait, en ce jour, dans toute sa majesté. Elle avait, en diadème, un croissant tellement resplendissant que, de nuit, on l'eût pris pour le disque étincelant de la lune. Sa robe était de drap d'or parsemé de rubis de la plus belle eau. Elle était portée dans un palanquin par huit nègres de haute stature, court vêtus de blanc, et huit autres nègres, de même taille, aussi court vêtus de blanc que les premiers, agitaient au-dessus de sa tête des éventails formés de plumes de colibris, afin de garantir leur redoutable maîtresse des rayons déjà brûlants du jour.

Lorsque la cérémonie fut terminée, la fée Phœbis posa son doigt rose et effilé sur le front de sa filleule en murmurant des paroles mystérieuses; après quoi elle l'appela Gavotte. Quand, à son tour, la belle étrangère à la robe blanche voulut remettre à sa nourrice la jolie enfant qu'elle tenait dans ses bras, elle l'appuya contre son sein, puis, lui ayant donné nom Amphionne, elle l'embrassa avec tendresse. Pour moi, dit la dame à la toque verte, en tenant toujours sa petite filleule sur ses bras et en la baisant au front, je te nomme Eviane, sois heureuse. Alors, le cortège se reformant reprit en grande pompe le chemin du château, où dame Aymonette attendait impatiemment avec le retour de ses enfants celui des deux étrangères si inespérément venues à point pour la tirer d'embarras.

Un repas magnifique attendait les convives, car rien n'avait été épargné pour leur faire honneur.

Dès qu'ils parurent, on abaissa le pont-levis; mais, en ce moment, les deux belles étrangères, se détachant du groupe qui leur servait d'escorte, se tournèrent vers l'orient, en tirant chacune d'un sifflet d'or trois sons aigus. Aussitôt, sous les yeux des spectateurs stupéfaits, un nuage rose et bleu s'abaissa de l'horizon, se répandit dans les airs avec une suave odeur d'ambroisie, en soutenant jusqu'à terre un char ravissant, entouré des brillantes couleurs de l'arc-enciel, auquel huit cygnes magnifiques servaient de coursiers. Les coussins qui le garnissaient étaient formés d'un fouillis de roses.

A peine les cygnes eurent-ils reployé leurs longues et blanches ailes, que les belles étrangères, au grand étonnement des spectateurs, s'élancèrent dans ce char, saluèrent gracieusement la foule puis, s'inclinant légèrement devant la fée Phœbis, disparurent au milieu d'un tourbillon de vapeur qui les déroba entièrement à la vue des assistants.

En franchissant le pont-levis et la poterne la fée Phœbis sentait son cœur rempli de rage d'avoir été éclipsée tant en beauté qu'en puissance par deux rivales inconnues; aussi fut-ce avec des pensées de haine qu'elle se rendit près de dame Aymonette qui était en grande tristesse de n'avoir pu faire plus ample connaissance avec les charmantes marraines de ses filles. Cette tristesse était si visible que la fée Phœbis s'en offensa et que, son courroux augmentant, elle jura vengeance à la mère comme aux deux innocentes créatures dont la naissance inopinée avait produit dans le pays un si rude échec à sa réputation.

Sur les bords de la Dranse qui bondit dans son lit encombré d'énormes blocs de rochers, l'horizon se trouve borné entre de hautes murailles perpendiculaires, dénudées, déchirées, que domine la roche de l'Oullie.

Le défilé est tourmenté, obscurci par le surplomb des rochers; la vue inquiète cherche à sonder l'intérieur des anfractuosités qui accidentent leurs parois; on s'attend sans cesse à en voir sortir des êtres fantastiques.

On raconte, dans les vieilles chroniques du temps, qu'un chevalier épris d'amour pour une châtelaine des environs et désespérant, vu sa pauvreté, de pouvoir toucher son cœur, avait résolu de faire un pacte avec un démon qui s'était retiré dans ces lieux tourmentés comme son âme de damné.

Le compagnon de Belzébuth fit prêter serment au chevalier de lui amener, dans dix ans, la châtelaine, morte ou vive: le pauvre sire tout éperdu ne savait que faire, pris entre ses désirs amoureux et l'horreur de la proposition du méchant esprit; cependant, profitant du bruit que faisait le torrent en s'engouffrant dans la terre, il dit rapidement: Je promets de ne pas amener ici,

dans dix ans, morte ou vive, la dame que j'aime.

Le démon, qui n'avait pas entendu la restriction du chevalier, lui donna un philtre qui mit complètement en son pouvoir la noble dame, dont il eut une belle lignée, après un mariage fortuné et une vie très heureuse.

Pourtant les dix années passèrent rapidement au milieu de son bonheur et, quand l'époque fatale fut arrivée, le chevalier se rendit seul à la grotte du démon qui attendait sa proie.

Eh bien! Tu es seul, lui dit le malin, que signifie!...... Voudrais-tu te parjurer?

— A Notre Seigneur Jésus-Christ et à sa très sainte Mère ne plaise, répondit l'heureux époux; mais, il y a dix ans, je t'ai juré de ne pas amener, morte ou vive, la châtelaine ici. Tu le vois, méchant, je tiens parole!

A ces mots, le diable désappointé se précipita dans l'abîme, en jetant un grand cri qu'il répète tous les dix ans à la même date; sa colère ne fait qu'augmenter alors et plus d'un passant attardé raconte l'avoir vu agiter les eaux qui grossissent, s'élèvent en bouillonnant avec un redoublement de furie. Le démon cherche, par des bonds effrénés, à s'emparer des vivants qui sont à sa portée; c'est alors qu'il fait bon de se signer dévotement, si l'on veut échapper à son étreinte.

C'est de cet endroit maudit que la fée Phœbis exerçait son empire; là, elle avait choisi une grotte dont elle avait fait un palais splendide où elle entassait ses richesses. De la grotte au château, elle communiquait par un escalier secret, connu d'elle seule et c'est par cette issue qu'elle paraissait ou disparaissait sans qu'on sût par où elle avait passé. La terreur qu'elle répandait tout autour d'elle était si grande qu'aucun serviteur, qu'aucun homme d'armes, qu'aucun chevalier n'eût osé chercher à surprendre le mystère dont la fée s'entourait.

Tous ces détails étant connus des fées Aglaure et Moussarine, elles lancèrent sur la Dranse un brouillard épais et, quand elles disparurent aux yeux de la foule, le char attelé de cygnes les transporta à l'orifice de la grotte dont l'entrée était fermée par une portière de drap d'argent. Se tournant alors vers l'orient, les deux fées tendirent les bras; aussitôt brouillards, char, cygnes, tout disparut comme par enchantement

Après avoir soulevé la portière et donné du jour en la tenant relevée quelques instants, elles la laissèrent retomber en pénétrant dans l'intérieur.

Tous les trésors de la terre se trouvaient là réunis dans un amoncellement si lumineux que, quoique le drap d'argent intercepta la lumière extérieure, toutes ces richesses éblouissaient sous les feux d'une lumière éclatante qui tombait de la voûte toute constellée de diamants ou de rubis.

La seule tache qui fît ombre à cette admirable lumière était la partie animée vivant au sein de toutes ces splendeurs ; elle se composait de quantités de chats, de hiboux, de chauve-souris, génies inférieurs préposés par la fée Phœbis, lors de ses absences, à la garde de son trésor.

Les deux sœurs fées, après s'être concertées, se touchèrent simultanément le front du doigt, prononcèrent ensemble un seul et même mot, et, de charmantes jeunes filles qu'elles étaient, elles devinrent chattes blanches comme l'hermine.

Perdues au milieu de toute cette race féline de diverses nuances, elles s'y confondirent durant quinze ans, suivant les faits et gestes de leur ennemie qui les avait prises en grande affection depuis qu'elle s'était vue constamment escortée par elles avec la fidélité qui n'appartient d'ordinaire qu'à cet animal que l'homme appelle chien, mais que le philosophe appelle l'ami de l'homme.

Durant ces quinze années, bien des événements tragiques s'accomplirent que le destin avait fixés, sans que contre elles nulle puissance surnaturelle ne pût prévaloir.

Guillaume, seigneur de Féternes, revenu de guerre, trouva dame Aymonette entourée de ses trois filles ; seulement, ne voulant point croire à une paternité aussi extraordinaire, il soupçonna sa femme ; jaloux de son honneur, mais très circonspect, il ne tarda pas à se convaincre de son infidélité. Un jour, Guillaume surprit son propre frère, le templier Robert d'Arbigny, avec sa femme ; dans la lutte fratricide qu'ils engagèrent, Guillaume tomba mortellement frappé d'un coup de dague au cœur.

Robert d'Arbigny, conseillé par la fée Phœbis, se releva lui-même de ses vœux, vécut paisiblement avec dame Aymonette, sa belle-sœur, puis, quand las de sa passion, il chercha sur quelle branche il pourrait greffer son écusson, ses yeux tombèrent sur sa nièce Gavotte, dont la grande fortune devait relever le prestige de sa lignée.

Dévoré de l'amour du luxe et des jouissances mondaines, il ne craignit pas de s'ouvrir à dame Aymonette de ses projets ; sur le refus formel de celle-ci d'accorder son consentement à ce nouveau crime, il jura sa perte.

Les scènes de jalousie et de violence auxquelles dame Aymonette se livrait depuis que son amant lui avait déclaré qu'il était résolu à devenir son gendre, permirent à Robert d'Arbigny de se débarrasser de sa maîtresse en la faisant passer pour folle ; alors, il l'a fit enfermer comme telle dans la tour basse du château.

Ainsi libre de toute entrave, voulant rester maître absolu de l'immense contrée qui formait l'apanage de la seigneurie de Féternes, il excita, sur les nouveaux conseils de la fée Phœbis, tous les mauvais instincts qui germaient dans l'esprit de Gavotte. Leur éclosion fut terrible ; la jalousie qu'excitait en elle la beauté de ses sœurs se joignant au désir cupide de s'emparer de leur légitime, elle les fit enlever dans la nuit qui devait précéder ses noces, avec ordre de les enfermer dans les souterrains de la tour Perrière.

Cette disparition s'effectua avec d'autant moins de bruit que Eviane et Amphione sortant peu du château, personne au dehors ne sut ni leur captivité, ni les espérances que faisaient naître la perspective de leur mort.

Cependant, le jour des noces étant venu, de grands préparatifs avaient été faits au château pour célébrer dignement l'union monstrueuse qui était l'œuvre de la fée Phœbis. Toute la noblesse du pays de Gavot, grandement conviée, était attendue en luxueux apparat ; le pont-levis était baissé, les gens d'armes gardaient les remparts, les escuyers, échelonnés sur les marches du grand escalier d'honneur, formaient la haie ; les chevaliers, tout bardés de fer, le casque en tête, visière baissée, se tenaient dans la salle des Preux où, sur un trône, noble Robert d'Arbigny, ayant à sa droite Gavotte et à sa gauche la fée Phœbis, attendait ses invités. Nul ne vint saluer les futurs époux, tant on tenait à honneur de faire insulte et mépris à la bannière d'un sire aussi méchant homme.

Assis sous le dais de velours brodé aux armes des Féternes, Robert d'Arbigny, pâle, mais le sourire aux lèvres, attendait toujours; ce ne fut seulement que lorsque, du beffroi, sonna l'heure de la cérémonie qu'il se leva en donnant ordre de hisser le pont-levis pour n'être abaissé de la journée ni de la nuit, tout le monde devant être relevé de service, afin de n'avoir plus souci que de faire choix de l'emploi de son temps, suivant les âges, les goûts, les passions de chacun.

Après que le chapelain eut uni devant les hommes et devant Dieu, Gavotte à Robert, un festin immense fut servi; sur les prescriptions du maître, son ordonnancement avait été si bien calculé, que les convives ne devaient quitter la table que le lendemain au soleil levant.

Ces dispositions avait été concertées en vue d'un projet criminel. Il avait été convenu que, durant cette nuit d'orgie, quand le beffroi sonnerait minuit, on pénétrerait dans le cachot d'Eviane et d'Amphione pour qu'en présence de Phœbis et de Gavotte, Robert d'Arbigny tuât, de sa propre main, ses deux belles-sœurs, en vue d'éteindre dans le sang leurs droits à la succession soit paternelle, soit maternelle.

Ayant surpris la résolution des trois complices, les deux petites chattes blanches qui ne quittaient plus Phœbis tant elle les avait prises en affection, sortirent de la salle au moment où le repas tournait à l'orgie, descendirent dans les souterrains, coururent à la porte qui ne devait s'ouvrir, à minuit, que pour laisser pénétrer un assassin; puis, se plaçant nez à nez en travers de cette porte, levèrent chacune la patte droite, la posèrent simultanément sur le museau respectif de chacune d'elles, poussèrent ensemble un seul et même miaulement et, de deux chattes blanches comme l'hermine qu'elles étaient, redevinrent les deux charmantes jeunes filles que nous avons vu entrer en scène au commencement de ce récit.

Se tournant alors vers l'orient, elles touchèrent du doigt la porte qui, à ce contact, tourna sur ses gonds rouillés en leur livrant passage. A la vue de leurs filleules infortunées, les deux marraines, émues de pitié, se firent aussitôt reconnaître en séchant leurs larmes sous leurs baisers; la première émotion calmée, les fées Aglaure et Moussarine conduisirent Eviane et Amphione à

travers les souterrains jusqu'à ce qu'ils s'arrêtassent sans issue. Là, se tournant toujours vers l'orient, les deux bonnes fées touchèrent chacune de leur index une saillie de rocher; tout aussitôt, sans aucun bruit, sans que l'œil pût rien distinguer, un bloc de pierre tourna sur lui-même donnant accès à un escalier de descente éclairé de bas en haut d'une lumière étrange en pareil lieu, alors qu'elle ne se produit jamais sous les cieux qu'aux plus belles nuits d'été, quand la lune brille et que les étoiles scintillent au firmament. Ce phénomène se produit fréquemment dans les grottes où serpente le lierre; il est le résultat de la phosphorescence des vers luisants, qui, en certaine saison, s'abritent sous ses feuilles en dégageant des bouquets d'étincelles échappées d'un foyer mystérieux.

Après le passage, ayant vu le rocher tourner sur lui-même, reprendre sa place sans bruit, sans que l'œil pût rien distinguer, les jeunes filles descendirent six cents marches pour se retrouver de nouveau devant un rocher sans issue apparente. Comme les deux fées avaient déjà fait, elles firent; le rocher céda, elles passèrent et, quand elles se retournèrent, elles le virent se remettre en place sans bruit, sans que l'œil pût rien apercevoir. Elles étaient dans la grotte où la fée Phœbis entassait ses trésors, en les confiant à la garde d'une myriade de chats sauvages.

De toutes les richesses entassées en ce lieu, rien ne manquait; mais on n'y voyait plus ni chats, ni hiboux, ni chauves-souris, car, sur un seul geste d'Aglaure et de Moussarine, les uns s'étaient enfuis, les autres s'étaient envolés.

Lorsque du beffroi du château de Féternes sonna la onzième heure, nul n'avait échappé à l'ivresse; seul, Robert d'Arbigny cherchait encore dans le vin l'oubli de l'heure fatale où, pour un peu d'argent, il allait perdre son âme sans rémission.

A cette même heure, les deux marraines d'Eviane et d'Amphionne, soulevant le drap d'argent qui cachait l'entrée de la grotte du côté des trois Dranses, tirèrent chacune d'un sifflet d'or trois sons aigus; aussitôt la nuit devint sombre, la pluie tomba à torrents, le vent souffla en tempête, apportant sur ses ailes rapides trois chars attelés chacun de huit cygnes, qui vinrent se placer à l'entrée de la grotte, soutenus dans les airs par de noirs nuages d'où s'échappait la foudre en déchirant les airs.

Six génies ailés en descendirent; sur un signe de leurs maîtresses, ils transportèrent tous les trésors de la fée Phœbis dans le char en arrière des deux autres. Après que, leur besogne terminée, les génies se furent envolés, Aglaure et Moussarine firent monter leurs filleules dans le char du milieu; elles se placèrent elles-mêmes dans celui de tête et conduisirent le convoi avec tant de précision qu'au coup de minuit elles se trouvèrent à cent coudées au-dessus de la plus haute tour de Féternes.

Quand Robert d'Arbigny entendit sonner les douze heures, il se leva de table pour se rendre aux souterrains; mais, aux premiers pas qu'il fit, le feu du ciel ne cessa de tomber sur le château; bientôt il n'offrit plus qu'un immense brasier, et, comme si sa destruction n'allait pas assez vite, il s'effondra sous les secousses d'un tremblement de terre qui détruisit tout ce qui n'avait pas été brûlé.

Les deux fées vengeresses emmenèrent leurs filleules dans le canton de Vaud où, grâce aux immenses richesses qu'avaient amassées la fée Phœbis, elles les marièrent à de hauts et puissants barons qui portèrent noblement leurs noms de Reyrold et de Waldeck.

De cet antique château, il ne reste que des murailles de soutènement, quelques substructions déchaussées, des débris pulvérisés dont les villageois du crû ont fait leurs jardins potagers; tels sont les témoignages matériels, mais bien informes, qui rappellent aux yeux l'existence du château-fort des seigneurs de Féternes, comme aussi à l'esprit la légende dont il fut le berceau. Depuis longtemps, la grotte des Fées (en patois du pays fadoë ternoë), n'est un sujet de terreur ni pour les villageois ni pour les touristes qui la visitent.

Si les premiers y grimpent dans l'espoir de découvrir un trésor, ils en redescendent toujours déçus; mais si les derniers se risquent à tenter l'ascension, dans le but de contempler un beau site, ils en reviennent toujours satisfaits, car, de ce point, la vue est réjouie par la verdure d'une puissante végétation qui forme le cadre de cet immense miroir qui s'appelle le lac Léman.

TOUR-RONDE

A quatre kilomètres d'Evian-les-Bains, sur la route qui, longeant le lac Léman, conduit de cette ville à Meillerie, le voyageur rencontrait, il y a dix ans à peine, dévastés par les injures du temps, couverts de lierre, inhabitables, de magnifiques restes féodaux appartenant au baron de Blonay, dont la fortune s'était essaimée partout ailleurs que là, tant il avait été prompt à jouir de la vie et à compromettre son immense fortune du Chablais.

En 1881, à la mort du baron, ce castel, qui abrita tant de splendeurs, était si délabré que c'était pitié de le contempler. Le paysan lui-même, qui se laisse cependant peu toucher par l'aspect d'une ruine, gémissait de voir chaque jour une pierre d'ogive s'abîmer sur le sol, un mur se lézarder, un plancher s'effondrer; car, s'il n'a pas le sentiment de l'art, il a quelque chose de plus vif au cœur, il a le souvenir et ce souvenir se transmet chez lui d'âge en âge. L'histoire de la Savoie est pleine du nom des de Blonay; aussi, sous chaque toit du Chablais, ce nom est-il respecté, aimé comme symbole d'honneur et vaillance.

Devenu, par suite de donation, la propriété de la ville d'Evian, ce manoir fut

vendu au comte de Kersaint, qui entreprit
de le relever de sa décadence. Reconstruit
d'après une savante étude des plans primitifs, ce château est aujourd'hui tel qu'il
existait il y a quatre siècles. Le décrire
serait difficile, aussi ne le tenterai-je pas :
ce que je puis affirmer, c'est que le touriste
qui ira le visiter me saura gré de le lui avoir
signalé. Le seul reproche qu'on pourrait
faire aux de Blonay et à l'auteur du projet,
c'est d'avoir choisi un tel emplacement pour
un aussi beau décor; mais on serait mal
venu de leur en faire une critique, quand
on saura comment et pourquoi il fut bâti
en cet endroit plutôt qu'ailleurs.

Oyez plus tôt :

Le château de Chillon, occupé par une
garnison savoyarde commandée par un de
Blonay, fut attaqué par les troupes bernoi-
ses qui le prirent d'assaut en mettant tout
à feu et à sang. Après des prodiges de valeur,
le sire de Blonay, sentant qu'il ne pouvait
tenir davantage, donna l'ordre aux hommes
qui lui restaient de se rendre au lac par les
souterrains, de s'embarquer et de mettre à
la voile sur Evian. Dans leur précipitation à
obéir, ils oublièrent leur chef et celui-ci,
pour ne pas tomber au pouvoir de l'ennemi,
dut lancer son cheval dans le lac et lui faire
franchir, par trois lieues de nage, la masse
liquide qui le séparait du Chablais.

Dès que le cavalier sentit que sa monture
touchait terre, il lui donna de l'éperon; la
noble bête, sentant pour la première fois
cette injure, se révolta et dans un galop ef-
fréné, alla s'abattre sur des blocs de rocher,
en projetant son maître à huit ou dix mètres
sur les cailloux de la grève. Quand, après
un long évanouissement, le sire de Blonay
revint à lui, il se traîna vers son cheval
expirant; puis, voyant que le brave animal
le reconnaissait encore, il lui jura par saint
André, son patron, que là où Dieu les voyait
à cette heure, château serait bâti, afin que
tous les de Blonay présents et à venir n'ou-
bliassent jamais comment et par qui leur
ancêtre avait été sauvé de mâle mort.

MONTMÉLIAN

Montmélian, d'origine très ancienne, est
situé sur les bords de l'Isère. Sa forteresse,
fièrement campée sur un rocher escarpé,
dominait l'Isère et était considérée par les
ducs de Savoie comme le plus solide rempart
de leurs États.

De toutes ces fortifications il ne reste plus
aujourd'hui que quelques bastions couverts
de lierre, des casemates en assez bon état,
enfin un vaste souterrain qui, passant sous
la ville en se dirigeant vers l'Isère, sert de
dégorgement aux égouts de la cité actuelle.
Tout le surplus de ces immenses décombres
a été utilisé à des constructions modernes
et l'emplacement qu'elles occupaient a passé
de Mars à Bacchus pour le plus grand plaisir de ceux qui aiment la dive bouteille.

En 1600, Montmélian succomba sous les
coups de Sully. Son fort fut démantelé après
que la ville eut été prise d'assaut, faute de
secours. La tradition, moins prude que
l'histoire, rapporte à ce sujet le très curieux
épisode que voici :

Alors que la ville de Montmélian était
investie de toutes parts par les troupes du
roi de France, le bourgmestre de Montmélian ayant réuni son conseil exposa qu'il y
avait lieu de réclamer au duc de Savoie, en
ce moment à Chambéry, aide et protection
d'urgence. Toute l'assemblée, jugeant que
pour être sage l'avis devait être suivi de
décision immédiate, deux conseillers, autrement dit échevins, ayant été désignés
par le sort, furent députés vers le duc,

danger qu'ils acceptèrent en traversant nuitamment les lignes ennemies.

Arrivés à Chignin, nos deux émissaires éprouvant le besoin de se remettre de leurs émotions se firent servir à la première auberge qu'ils rencontrèrent de ce vin si renommé des Tours, que de nos jours on s'en souvient encore, ne reprenant route qu'après avoir honnêtement satisfait à leur soif. Légèrement éméchés, mais guidés par le fanal du donjon du château de Chambéry, ils pénétrèrent en cette ville, se présentèrent au palais en demandant à parler sur-le-champ au duc. L'homme d'armes, chargé du service d'entrée, en présence non seulement de la tenue peu correcte de nos deux messagers mais encore de l'heure indue où ils se présentaient, barra le passage de sa hallebarde en leur criant : Au large! Se voyant éconduits, et voulant cependant s'acquitter de leur mandat, ils se mirent à rôder tout autour des murs dans l'espoir de découvrir un accès plus facile. En passant sous les remparts, que l'on voit encore de nos jours, ils aperçurent, sur le rebord d'une terrasse élevée qui dominait la ville, une forme humaine qui se penchait vers eux en faisant force grimaces.

Croyant réellement avoir à faire à un des fils du duc Emmanuel, ils s'écrièrent : Petiou, ton pâre y est-é?

Pour toute réponse, nos deux ambassadeurs ne reçurent que ces sons inarticulés : Gnien, gnien, gnien, gnien, gnien, gnien.

— Ris, bogro! La vôla de Montmélian va être présa! Vas-û dire à ton pâre, qué mandése dé secors.

Et les deux naturels de Montmélian, peu satisfaits, s'en retournèrent avant le jour auprès du bourgmestre de leur cité, pour lui rendre compte de leur mission.

Que vous a donc dit le duc?

— Nôs ne l'in pâs viu, nôs in viu son infant qués nôs a dé : Gnien, gnien, gnien, gnien! Al été bin lourdo!

C'était, en effet, absolument exact, car le personnage interpellé par les envoyés de la ville de Montmélian n'était autre qu'un grand singe que le duc de Savoie entretenait pour son agrément dans les jardins de sa résidence.

Voilà comment, faute de secours, la bonne ville de Montmélian tomba au pouvoir d'Henri de Navarre, devenu roi de France, moins par l'épée que par ses intrigues amoureuses. De fait, là comme ailleurs, alors que Sully battait en brèche les murs du fort Morestel, le roi Vert-Galant, de joyeuse mémoire, donnait de son côté assaut à la vertu de la femme du gouverneur de la place, lui prouvant par gentes façons que Charles-Emmanuel, son ducal amant, ne prisait point ses charmes à leur valeur. Les rendez-vous se donnaient au couvent des Dominicains gagnés à la cause; c'est de cette position que les Français prirent la place à double revers.

MIOLANS

Ce château, qui surplombe l'Isère d'une hauteur vertigineuse, tenait en mains, sous la féodalité, toute la Combe de Savoie.

Nul, se rendant par terre ou par eau, de Montmélian à Saint-Pierre-d'Albigny, ne pouvait cheminer sous les murs de Miolans sans que son seigneur ne fondît sur lui comme un vautour de son aire.

Touristes ou voyageurs qui longez aujourd'hui l'Isère dans ces parages, ne craignez rien; nul guetteur ne signalera votre approche, et si, d'aventure, du haut de la tour du signal, un œil glauque vous contemple, ce ne sera certainement que celui d'un hibou posé sur la girouette qui, encore debout, tourne à tous les vents en grinçant horriblement.

L'ossature grisâtre de cette immense

ruine, se détachant violemment dans l'azur du ciel, fond harmonieusement ses teintes avec les neiges étincelantes de la Maurienne et de la Tarentaise qui lui font repoussoir.

L'aspect de ces murs, si haut perchés qu'on ne peut les voir de face qu'en rejetant tout le corps en arrière, donne instinctivement le désir de monter à l'assaut des remparts pour plonger sur la vallée. Pour arriver au but qu'on se propose, il faut suer, souffler, reprendre haleine; mais, la curiosité l'emportant sur la fatigue, on donne un dernier coup de collier et on se trouve en face d'un pont de trois arches qui aboutit à un premier corps de garde casematé, percé de meurtrières, hérissé de créneaux et précédé d'un pont-levis qui, jadis, se dressait devant l'étroite porte d'entrée.

Alors seulement, on s'aperç . que la place n'est point ouverte à tout venant et que, pour pénétrer plus avant, il est besoin de parlementer. Un fermier, tenancier du lieu, moyennant une légère rétribution, vous fait entrer dans l'immense forteresse qui, tour à tour, château des sires de Miolans ou prison d'Etat fut, de tout temps, un objet de terreur.

En pénétrant sous les voûtes sombres qui donnent accès aux différentes cours qui relient les diverses enceintes; en parcourant les souterrains conduisant aux salles de torture; en descendant aux cachots, où on voit çà et là des ossements humains gisant à terre, au-dessous d'anneaux de fer fixés dans les murailles; en voyant le puits insondable des oubliettes, aujourd'hui béant, on ne peut que s'écrier avec Dante Alighieri : « Que ceux qui entrent ici laissent toute espérance. »

Saisi d'effroi, on se hâte de rechercher le jour et on ne respire librement qu'en se retrouvant en pleine lumière. On reprend peu à peu possession de soi-même, et, pour faire diversion aux derniers frissons qui courent sur l'épiderme, on s'élance fièvreusement dans l'escalier de l'énorme et puissant donjon qui surplombe le précipice. Arrivé sur sa plate-forme, on peut suivre tous les multiples contours de la Combe toute entière; mais on ne peut, sans vertige, sonder l'abîme qui vous sépare de la terre ferme.

De tous les maîtres qui ont successivement laissé l'empreinte de leurs mains sur ses murs, les Miolans sont assurément ceux auxquels on doit en attribuer la fondation, car partout on retrouve leurs armes gravées comme suit sur les écussons : *Bandées d'or et d'azur de six pièces,* et aussi, par suite de l'acquisition faite par eux du château de Montmayeur : *De gueules à un aigle éployé d'argent, membré d'azur,* avec la devise : Unguibus et rostro.

Au cours du xvie siècle, cette famille s'éteignit faute de mâle.

Charles III, ayant toujours considéré Miolans comme une forteresse de premier ordre, se le fit céder par noble dame de Cardé, fille de Jacques de Miolans, dernier du nom. Dans les mains de la Maison de Savoie, cette forteresse conserva toute son importance stratégique; mais elle fut surtout affectée au service d'une prison d'Etat, dont le besoin se faisait vivement sentir en ces temps de bon plaisir. C'est ce qui explique la quantité d'ossements humains qui jonchent le sol de toutes parts en ce sinistre lieu.

Trois ans après la chute de la Bastille, Miolans tomba à son tour sous les coups de la tourmente révolutionnaire. Ce fut le 24 septembre 1792 que le peuple se porta sur cette place et la démentela, après que le général de Montesquiou, entré avec ses troupes dans Chambéry eut lancé aux habitants de la Savoie cette laconique proclamation :

« LIBERTÉ, ÉGALITÉ!

« DE LA PART DE LA NATION FRANÇAISE,

« *Guerre aux despotes,*

« *Paix et liberté aux peuples.*

« Donné à Chambéry, le 24 septembre 1792, l'an IV de la Liberté et le Ier de l'Egalité. »

CHAMBÉRY

Bâti sur une éminence naturelle émergeant du sein des marais sous Wilfred, vicomte de Chambéry, ce château n'était accessible que par une étroite chaussée aboutissant au pont-levis qui, se levant à la moindre alerte, le mettait à l'abri de toute attaque. Le donjon, la tour de la Trésorerie, la tour carrée et la tour du sud qui n'existent plus, défendaient les courtines.

En 1232, Berlion, dernier vicomte de Chambéry, céda, moyennant gros argent, au comte de Maurienne, Thomas Ier, ses droits sur la seigneurerie dont il portait le nom, alors que le bourg s'étageant sur les flancs du quartier de Lémenc ne dépassait pas la Leysse.

Amé V, à son avènement, visitant ses États, comprit tout le parti qu'il pourrait tirer de l'immense superficie de terrains marécageux s'étendant de son château de Chambéry au lac du Bourget, s'il parvenait à donner au lac un écoulement.

Une nuit donc qu'Amé V, s'étant fait précéder par ses *chambres*, soit tapisseries à grands sujets qui donnaient leur nom aux appartements sur les murs desquels elles étaient tendues, se rendait compte par lui-même que tous ses ordres avaient été exécutés, minuit sonna.

En cet instant, on heurta à l'huis de la porte de la chambre à coucher du prince. La permission d'entrer n'ayant point été accordée, on frappa de nouveau par trois fois; mais, comme ces appels restaient sourds, le page de service, ayant reçu très certainement des instructions antérieures, ouvrit, pénétra tenant une torche parfumée à la main, puis, n'apercevant point son maître, parcourut successivement les chambres des aigles, des lions, de Genève, des SS. Maurice et Lazare où il trouva le prince étudiant des plans.

— Sire, lui dit le jeune adolescent, l'homme que vous m'avez dit d'introduire près de vous est là qui attend votre bon plaisir.

— Fais entrer, surtout veille à ce qu'on ne me dérange pas de toute la nuit.

Quelques minutes plus tard, l'homme annoncé, après s'être incliné par trois fois, de dix pas en dix pas, ainsi que l'exigeait l'étiquette établie à la Cour de Savoie, se trouvait en présence d'Amé V.

Grand, maigre, l'œil vif, perçant, la physionomie intelligente, l'attitude fière, même en face de celui devant lequel il se tenait, il était vêtu uniformément de noir. Il ne portait ni épée, ni dague; mais à la cordelière de soie rouge qui serrait sa taille, au lieu de glands, étaient suspendus un plomb, un compas, une équerre de fer et tandis que de la main droite il tenait sa toque, de la main gauche il portait un rouleau de parchemin.

Qui l'avait vu une fois n'en perdait plus le souvenir; car, en ces temps de profonde ignorance, la science paraissait magie et sentait quelque peu le soufre.

— Eh bien! Savière, quelles nouvelles apportez?

— Excellentes, sire, attendu que des études faites par moi sur place; le sol étant d'alluvion, le canal que vous projetez peut être exécuté dans le délai d'un an, que le niveau du lac sera constamment uniforme, qu'enfin vous pourrez fonder l'ère de prospérité rêvée depuis des siècles par vos ancêtres pour leur descendance.

— Vous le voyez, Savière, je ne cesse pas d'examiner vos plans, vos devis, trouvant tout bien, même la dépense, car, à travers les âges, mes aïeux dont je suis la politique, ainsi que le feront après moi tous les membres de la Maison de Savoie, ont entassé richesses sur richesses dans notre trésor, ce qui nous permettra à tous, sans puiser de ressources dans de nouveaux impôts, d'entreprendre de grandes choses.

Ma tâche, lorsque le Rhône recevra dans ses eaux le trop-plein du lac, sera de peupler le terrain démesurément augmenté de mes États, d'attirer les étrangers par l'octroi des franchises les plus larges, enfin, de voir autour du nouveau château dont j'ai là le projet sous les yeux, se bâtir une ville qui sera un jour capitale du duché de Savoie.

Vous le voyez, mon ambition est grande mais très réalisable ; aussi suis-je pressé de vous voir m'en faciliter les moyens par la prompte exécution du percement du canal dont j'ai conçu l'idée.

Le jour où vous viendrez m'annoncer la nouvelle que l'œuvre entreprise est accomplie, ce ne sera point à Savière que j'accorderai audience, mais bien à noble de Savière ; cette noblesse qui vous élèvera jusqu'à moi m'étant agréable et devant servir de bon exemple à tous ceux qui tiendront à l'obtenir comme vous par *labore omnia*, devise dont vous aurez fort à vous enorgueillir.

— C'est la plus grande récompense, sire, que vous puissiez jamais m'accorder, c'est donc genou en terre que je vous en remercie ; maintenant il appartient à ma reconnaissance de travailler à votre gloire, de vous faire donner le nom de *Grand*.

Aussitôt le lac du Bourget rentré dans son bassin naturel et dont il ne sortira plus, je m'occuperai d'endiguer la Leysse et l'Albane, de manière qu'en aucun cas ces deux rivières ne sortent de leur lit, puis je mettrai la main à l'œuvre pour que le château actuel, transformé de fond en comble, devienne un objet d'admiration pour tous les princes de la chrétienté.

Ainsi où nous sommes, sire, escaliers, planchers, plafonds, cloisons, tout est en bois, aucune cheminée n'existe ; d'où il suit, d'une part que, pour parer au froid vous êtes obligés d'avoir recours à la litière de paille, de même qu'à des bassines pleines de braises recouvertes de cendres, que d'autre part, pour ne recevoir qu'une lumière douteuse, sans vous abriter contre les intempéries des saisons, vous êtes contraint de faire garnir vos fenêtres de toile, rendue transparente autant par l'huile que par la thérébentine.

Eh bien, puisque votre Altesse me donne carte blanche, je veux que tous les escaliers soient en pierre dure, que les cloisons soient remplacées par des murs, que les planchers deviennent parquets, que les plafonds forment voûte à nervures, que chaque appartement ait une cheminée si gigantesque qu'on y puisse faire rôtir un bœuf, enfin, que toutes les fenêtres de votre château soient ornées de verres, enchassés dans des garnitures de plomb, comme cela se pratique depuis quelque temps en Italie.

Pour que de mémoire d'homme on n'ait jamais rien vu de pareil, je veux établir dans l'aile principale de votre somptueuse demeure une salle de réception, telle qu'il n'en existe pas dans le monde entier, où vous pourrez réunir toute votre noblesse, la tenir à table en la faisant servir par des hérauts d'armes à cheval, apportant sur leurs écus les plats destinés aux festins.

Mais, comme Dieu ne doit point être oublié par l'homme quelque grand qu'il soit, je veux appeler à moi les meilleurs artistes d'au-delà les Alpes pour faire surgir de terre une merveille d'architecture, tant j'apporterai de soins à en assurer l'exécution, même si je n'arrive point de mon vivant à en voir faire la dédicace en l'honneur de saint Étienne, mon vénéré patron.

Amé V mort, ses successeurs Odoard le Libéral, Aymon le Pacifique, Amédée VI dit le Comte-Vert, Amédée VII dit le Comte-Rouge, employèrent tous leurs soins comme aussi la plus grande partie de leur fortune à terminer l'œuvre conçue par noble de Savière, ce qui permit, le 17 février 1416, à Amédée VIII le Pacifique, de recevoir fastueusement l'empereur Sigismond, venu en Savoie pour ériger le comté en duché.

Des premiers possesseurs du château de Chambéry, il ne reste rien que le souvenir d'une décadence constante, la famille s'étant éteinte successivement dans les personnes d'un notaire, d'un syndic, d'un chapelain, d'un aubergiste, près Saint-Antoine.

Les seconds possesseurs furent plus heureux : de comtes de Maurienne, ils passèrent comtes de Savoie, puis ducs, enfin rois de Piémont jusqu'au jour où la France leur donna la main pour les faire monter sur le trône d'Italie qu'ils occupent aujourd'hui.

Comme ses fondateurs primitifs, le château de Chambéry, dévasté par des incendies, mutilé par les vandales de la Révolution, a successivement passé de résidence ducale à pied, à terre royale, ensuite de palais de gouvernement à hôtel de préfecture.

De cet antique château, hérissé de créneaux, percé de meurtrières ou de mâchicoulis, entouré de ponts-levis jetés sur de larges fossés, il ne reste plus avec le donjon que la Sainte-Chapelle, nom que la population lui a donné en souvenir du Saint-Suaire qu'elle eût en dépôt, jusqu'au jour où les princes de Savoie, devenus rois, emportèrent avec eux cette précieuse relique à Turin.

Du donjon on n'a su tirer parti qu'en le faisant servir de cage à l'escalier qui conduit aux appartements du citoyen préfet.

Quant à la Sainte-Chapelle, monument religieux très précieux d'architecture, ses belles verrières s'en vont morceaux par morceaux, sans qu'on prenne souci de les remplacer autrement que par de simples verres blancs ordinaires ; pour ce qui est de son clocher abattu en 1793 sur les ordres d'Albitte, qui ne voulait point que la maison de Dieu dépassa celle des hommes, il attend toujours une restauration, souvent promise, jamais exécutée.

Mais que dire de l'état de délabrement du chemin de ronde qui entoure le chevet de l'édifice, de même que de ces fumiers s'étalant cyniquement contre les parois de la chapelle dite de Nemours, annexe de la précédente !!!...

Si, ainsi qu'on l'assure, ces nobles débris de l'époque féodale sont classés au nombre des monuments historiques, il importe que l'Etat n'attende pas plus longtemps pour les faire restaurer, car ils menacent ruine complète à bref délai.

Et, maintenant, si je n'ai convaincu personne en réclamant que le domaine du beau soit respecté et conservé, c'est, paraît-il, que je n'ai nul sentiment de l'art.

LES VIEILLES ABBAYES

DE

SAVOIE

DOM ILDEFONSE BELLY D'ARBUZENIER

ABBÉ MITRÉ DE TALLOIRES

(1736-1766)

PROLOGUE.

Le 17 février 1716, à deux heures du matin, une joyeuse bande de jeunes gens des deux sexes sortait bruyamment de l'hôtellerie à l'enseigne des *Caves de Bourgogne*, sise à la Grange-Batelière et réputée pour ses vins, une des meilleures de la capitale.

Hommes et femmes, les femmes surtout, paraissaient fort animés; cependant, malgré son débraillé, la compagnie conservait encore l'apparence de gens de qualité. Le souper avait dû être fort gai, à en juger tant par les saillies que par les rires des viveurs s'entassant pêle-mêle dans les carrosses qui stationnaient à la porte du traitant.

Celui qui paraissait être l'amphitryon donna l'ordre de conduire toute la société chez la Guimard, dernier tripot où devait s'achever l'orgie commencée. Toutefois, avant de pousser plus loin notre récit, il convient de parler un peu du souper, ainsi que de celui qui venait d'en faire les frais.

Ce festin nocturne avait été offert par Ildefonse Belly d'Arbuzenier à ses amis ou compagnons de plaisir, à la veille de son départ pour l'Italie.

Ce jeune seigneur qui donnait si follement l'essor à sa majorité, avait perdu depuis longtemps ses père et mère; il s'était trouvé, pour ainsi dire, seul dans la vie dès l'âge le plus tendre. Le tuteur de l'enfant, un oncle paternel, retiré en son château des Echelles, ne s'était occupé de son pupille que pour gérer ses biens, lui faire donner une instruction en rapport avec le rang qu'il devait occuper dans le monde, puis de l'envoyer à Paris, avec ces trois mots de morale : « Amuse-toi bien. »

On ne s'étonnera point de ce peu respectable conseil, si l'on considère combien, sous la Régence, le relâchement des mœurs était grand, tant les idées nouvelles commençaient à se faire jour, tant aussi le mauvais exemple partait de haut.

L'oncle de Belly s'était donc empressé,

au jour fixé par la loi, de rendre ses comptes à son neveu et de le mettre en possession de toute sa fortune.

Trop inexpérimenté pour administrer sagement son patrimoine, le jeune homme s'était livré à la dissipation, se lançant à corps perdu dans les plaisirs faciles.

Cependant, malgré ses égarements, malgré le quelque peu de ridicule qu'encourait au siècle dernier un homme de qualité faisant de l'art à ses loisirs, Ildefonse avait conservé le culte de la peinture qui, jadis, avait occupé ses heures de solitude; aussi, durant les jours de désenchantement ou de satiété qui sont la conséquence d'une vie de débauches et de désœuvrement, jurait-il très sérieusement de reprendre ses crayons et ses pinceaux. Malheureusement, ces retours sur lui-même étaient trop rares, car, de nouveau emporté par la fougue de sa jeunesse, il se replongeait dans cette vie à outrance qui tue l'âme autant que le corps...

C'est au lendemain d'une de ces crises que nous trouvons Belly donnant un dernier souper à ses amis avant de s'expatrier.

Il s'était follement épris, quelques mois auparavant, d'une pensionnaire du corps de ballet de l'Opéra, aussi légère de cœur que de jarrets. La belle Athénaïs, qui avait paru un instant partager sa passion, bientôt fatiguée de cette liaison l'avait brutalement rompue en s'affichant publiquement un soir avec un vieux fermier général, aussi riche que dépravé.

Blessé dans ses affections, froissé dans son amour-propre, Ildefonse songea sérieusement à demander au travail l'absolution de ses erreurs passées et à l'éloignement toute possibilité de rechute. C'est pourquoi, ayant réuni tous ses amis, il les fêtait une dernière fois avant de se mettre pédestrement en route pour l'Italie, où il ne comptait arriver qu'à petites journées, son intention étant de cueillir sur son passage tout site, tout costume qui solliciteraient son crayon.

Il parcourut ainsi la Bourgogne, la Bresse, le Bugey, la Savoie, se disposant à continuer sa route lorsque, arrivé sur les bords du lac d'Annecy, il découvrit Talloires et fit halte.

Son séjour dans cette localité décida de toute sa vie.

I.

En 1717, par une douce matinée de mai, ce mois plein de tiédeur qui précède celui des roses, une jeune fille montait le sentier qui de Talloires mène à Saint-Germain, en longeant le torrent du Craz.

Désireuse de posséder une branche d'aubépine, dont les fleurs embaumaient l'air d'un parfum pénétrant, la promeneuse solitaire, escaladant le talus, s'efforçait de la détacher de son buisson d'épines; mais la sève trop féconde en cette saison, rendait ses efforts inutiles, la branche pliait sous ses doigts et ne se rompait pas. Son désir de la posséder augmentant à mesure qu'elle s'épuisait en vains efforts, la jeune enfant, par une brusque secousse arracha la branche, perdit l'équilibre et, jetant un grand cri, tomba dans le torrent, dont les eaux tumultueuses étaient grossies depuis quelques jours par la fonte des neiges qui couronnent les sommets de la Tournette pendant cette partie de l'année.

A cette époque les chalets sont encore déserts et rare est le piéton qui, habitant Talloires, abandonne la culture de sa vigne pour se promener en admirateur de la belle nature.

C'en était fait de cette jeune fille, le torrent l'entraînant rapidement, quand, au bruit de sa chute, un jeune homme s'élance et la saisit au moment où elle allait disparaître pour toujours sous les vannes d'un vieux moulin abandonné. D'une main il l'attire à lui, puis, la sortant de l'eau, il s'efforce de prendre pied en se cramponnant aux racines d'un chêne centenaire récemment abattu. Son sauvetage heureusement assuré, l'inconnu se relève, inspecte les lieux et, découvrant une sente, prend dans ses bras la jeune fille évanouie, fardeau précieux qu'il ne dépose sur le sol que lorsqu'il est hors de ces bords dangereux...

« Talloires, le 15 juin 1717.

« Ildefonse Belly d'Arbuzenier
à Thomas Moizin de Baudron.

« Ne m'accuse pas, cher ami, d'indifférence ni d'oubli, mais, n'ayant rien d'intéressant à t'écrire depuis mon départ de Paris, j'étais fort embarrassé de savoir par où commencer ma lettre. Cependant, m'ennuyant d'être seul sur les bords charmants du lac d'Annecy, j'allais t'écrire que je me disposais à quitter ces lieux si pittoresques, lorsque ce matin, voulant achever mon dernier tableau, avant de me rendre en Italie, je pris mes pinceaux et me mis en route. Je gagnais rapidement la montagne et fus bientôt installé au lieu ordinaire de mes études.

« Depuis un quart-d'heure j'étais là, travaillant de toute mon âme, lorsque soudain, j'aperçus à dix pas devant moi une jeune fille faisant des efforts inutiles pour détacher d'un arbrisseau une branche d'aubépine en fleurs. Je m'amusai quelque temps à voir l'opiniâtreté que cette jeune personne mettait à s'emparer de cette épine blanche, sans penser au danger qu'elle courait.

« Des touffes buissonneuses qui longeaient le bord d'un torrent me cachaient à ses yeux. Tout à coup j'entendis un grand cri et je vis rouler la téméraire enfant dans les eaux rapides qui coulaient bruyamment à ses pieds. Me précipiter à son secours, la saisir pour la déposer sur le sol, fut pour moi l'affaire d'un instant. Tout cela je le fis machinalement; mais, lorsque je vis ce corps privé de sentiment, je fus saisi d'une frayeur subite.

« Que faire dans ce lieu désert avec une femme évanouie, morte peut-être!... Je me mis à genoux près d'elle ; je touchais son front, il était glacé; je cherchais les pulsations de son pouls, il ne battait plus; j'approchais ma joue de sa bouche, nulle haleine ne s'en échappait. Que faire ? Mon Dieu, que faire!...

« Je me souvins alors de tes prescriptions à l'égard des noyés : je plaçais donc la jeune fille sur le côté. Chose étrange! Je me sentis en cet instant l'âme dégagée de toute pensée terrestre; je me surpris à prier Dieu, en le suppliant de m'aider à rendre la vie à cette infortunée.

« Ne ris pas, mon ami; oui, si sceptique que je sois, j'ai prié et mon cœur sentit pour la première fois tout ce qu'il y a de douceur dans la prière!

« Je restais ainsi dans l'anxiété un temps qui me parut bien long, quand, enfin, un soupir s'échappant de ses lèvres, elle rouvrit les yeux; seulement alors je m'aperçus qu'elle était belle.

« Lui haussant doucement la tête pour la poser sur mes genoux, je lui montrais la branche d'aubépine qu'elle tenait encore entre ses doigts crispés. A cette vue, semblant se souvenir, elle me dit d'une voix bien faible : « Merci, je vous dois la

« vie!... » Alors, se soulevant, elle se mit à genoux, ses yeux levés vers le ciel exprimant une suprême reconnaissance envers Dieu. Une belle étude, mon cher, surtout bien plastique que cette charmante créature dans cette attitude, les vêtements encore ruisselants de l'eau du torrent!

« Sous mes regards d'artiste elle rougit, se releva en me disant : « Monsieur, soyez « encore assez charitable pour me conduire « à mon logis, car je sens que je ne pourrai « m'y rendre seule. » Je lui offris mon bras. Elle se mouvait avec peine, ses habits la gênant beaucoup dans sa marche.

« Si j'avais osé, je l'aurais portée dans mes bras, mais j'étais craintif, la simplicité, la candeur modeste de cette jeune fille me saisissaient d'un respect qui me rendait meilleur et m'intimidaient.

« Enfin, nous arrivâmes près d'un antique château délabré; une vieille et grosse paysanne filait près de la grille. A notre vue, elle quitta son siège en s'écriant : « Mon Dieu! Mademoiselle, que vous est-il « donc arrivé, pour rentrer en cet état ? » Et, pour s'assurer que ses yeux ne la trompaient pas, la bonne femme palpait les jupes et corsage de sa jeune maîtresse.

« Ce n'est rien, nourrice, répétait celle-ci. « Comme tu le vois, je suis tombée dans le « torrent où, sans Monsieur, j'aurais certai- « nement trouvé la mort. Va faire un grand « feu pour qu'il puisse se sécher; surtout ne « dis rien à ma tante. » En disant cela, elle nous quitta.

« Sur ces entrefaites, une dame âgée, au maintien raide, entra dans la pièce où je me trouvais; voyant l'état fort débraillé dans lequel je me présentais, elle parut stupéfaite de mes salutations silencieuses. Heureusement pour moi, la nourrice, aussi oublieuse que bavarde, lui expliqua longuement le service que j'avais rendu à sa nièce.

« La vieille dame sembla légèrement émue, me remercia dans un langage cérémonieux dont le final fut une invitation à dîner; puis, m'engageant à passer dans la salle à manger, où un grand feu venait d'être allumé, elle se retira discrètement.

« J'avais grand besoin d'être seul un moment, je t'assure, car je faisais peur à voir; j'en profitais aussitôt pour faire sécher les parties mouillées de mes vêtements et, tant bien que mal, devant une fort belle glace de

Venise, je tâchais de rendre à ma toilette l'ordre qui lui faisait défaut.

« A bientôt, cher ami, pour la suite de mon odyssée.

« Tibi,

« ILDEFONSE. »

II.

Odette de Chalencey était une jeune orpheline ayant grandi dans le château paternel sous l'autorité de deux parents sévères, son père et sa tante. Cette dernière, au décès de sa belle-sœur, arrivé quelques années après la naissance d'Odette, était venue se fixer près de son frère.

Quoique animée des meilleures intentions pour la petite orpheline, la vieille dame, peu favorisée par la nature, ne trouva pas dans son cœur les ressources qui suppléent parfois au manque d'instruction pour guider vers le bien une âme tendre et inexpérimentée.

D'un caractère dur, orgueilleux, que ne tempéraient ni l'esprit ni l'éducation, elle s'aperçut bientôt du peu de sympathie qu'elle inspirait à sa nièce et comme, à cette époque, les filles nobles savaient à peine lire ou écrire, elle se contenta d'exiger d'Odette une obéissance passive, absolue, avec la pratique de quelques prières journalières.

Ainsi livrée à elle-même, la jeune fille ressemblait à ces plantes rares de la montagne, dont les racines tiennent à peine au sol, tandis qu'une sève féconde fait épanouir leurs fleurs remplies de parfums, sous un soleil ardent ou sous les coups de l'orage.

Odette avait à peine connu son père, mort déjà depuis longtemps; aussi toute son existence s'était-elle écoulée bien tristement. Sa nourrice seule l'aimait; mais, quoique cette tendresse lui fut chère, Odette sentait partout le vide autour d'elle. L'âme de la jeune enfant, sans cesse froissée dans ses aspirations, devint mélancolique; alors, elle chercha dans la lecture d'abord une distraction, plus tard des enseignements.

Odette trouva dans la bibliothèque de son père des livres d'histoires, de guerres, de géographie, de piété. Ces ouvrages, bien qu'un peu trop sérieux pour elle, servirent d'abord d'aliment à sa curiosité, puis, insensiblement, formèrent son jugement et lui furent une source de jouissances intellectuelles.

A seize ans, la jeune fille avait le caractère aussi droit que l'esprit réfléchi. Toutes ses facultés se tournaient vers ce qui est moralement beau; ainsi, les premières lueurs du jour, un beau soleil couchant, les mystérieuses clartés des nuits d'été, le retour du printemps, même les orages, tout la portait à la rêverie; elle restait perdue dans une délicieuse contemplation jusqu'au moment où sa bonne nourrice, toujours attentive, venait la rappeler aux réalités de la terre. Enfin, cette belle âme, de mélancoliquement rêveuse qu'elle était, devint, par une pente naturelle, pieuse et poétique.

La jeune fille avait découvert un jour un chêne immense, dont le tronc avait été ravagé par la foudre; cet arbre était encore bien vigoureux quoique mutilé. Odette plaça au centre de l'excavation produite dans ce chêne par le feu du ciel une statue de Marie, qu'elle appela la *Vierge-du-Vieux-Chêne*.

Là, dès la belle saison, elle venait tous les jours dire sa prière du soir; souvent, agenouillée devant la douce image, elle contait ses peines réelles ou imaginaires à la Vierge des forêts.

Odette se plaisait à orner de fleurs ce petit oratoire rustique; c'était même pour offrir à la *Vierge-du-Vieux-Chêne* les premières aubépines de la saison que l'imprudente enfant s'était exposée à périr dans le torrent.

Le soir de cet événement qui aurait pu lui être si funeste, Odette, assise à côté de sa tante, regardait avec un étonnement naïf celui qui, le matin, lui avait sauvé la vie.

Ildefonse, placé en face de la châtelaine, répondait avec une déférence respectueuse aux questions de la vieille dame; mais Odette remarquait chez le jeune homme, à travers ses politesses les plus exquises, un ton de légère raillerie qui lui déplut.

La jeune fille se demandait si la contenance de son sauveur, bien qu'elle fut très palliée par son savoir-vivre, n'était point provoquée par la difficulté qu'éprouvait sa tante à s'exprimer en français, sans laisser échapper par ci, par là un mot patois. — N'était-ce pas plutôt, se disait-elle, leur ignorance des choses se passant hors de ces contrées reculées qui provoquait en ce jeune inconnu cette disposition peu bienveillante à leur égard ? Lui seul eût pu le dire!

Ce qui frappa surtout Odette en notre héros, ce fut l'ardente et sombre expression de ses regards, expression qui voilait par moment la beauté de sa physionomie qui décelait des facultés supérieures. Cette beauté physique et morale représentait bien l'idéal que la jeune fille avait rêvé ; mais comment s'expliquer les lueurs vives ou ternes de ce regard profond, cette bouche aux lèvres desquelles venait errer un sourire souvent ironique, toujours amer, ce front qui devenait par instant soucieux ?

Odette pensa qu'Ildefonse avait été ou était malheureux. N'avait-il pas dit, en poussant un grand soupir, qu'il n'avait jamais connu sa mère... Comme moi, s'était dit intérieurement la jeune fille.

Dès lors, que de raisons n'avait-elle pas pour s'intéresser au sort de son sauveur.

Sans doute, se disait Odette, il était obligé de travailler pour vivre et de chercher dans ces contrées pittoresques cette inspiration qui seule fait naître la renommée.

Absorbée par ces réflexions, la jeune fille amena l'entretien sur les travaux de l'artiste, sujet que la vieille châtelaine saisit au vol pour exprimer tout aussitôt son désir de voir ses œuvres.

Ildefonse s'empressa, après le dîner, d'aller chercher le tableau qu'il achevait lors de l'accident survenu à Odette ; il déclara qu'en souvenir du bonheur qu'il ressentait d'avoir pu lui être utile dans un moment si critique, il n'ajouterait pas un seul coup de pinceau à son ouvrage. Puis, ouvrant ses cartons, il fit voir à ces dames les paysages ravissants du fond du lac, d'Angon, de Duingt, etc.

— Ah! s'écria Odette, ravie à la vue de ces sites qui la charmaient à toutes les heures de la journée, que cela est beau! Que je voudrais pouvoir aussi rendre sur la toile tout ce qui plaît à mon regard!

— Mademoiselle, lui dit Ildefonse, si madame votre tante veut bien me le permettre, je serais heureux de vous donner une idée du dessin pendant le peu de temps qui me reste à demeurer à Talloires.

— Vous devez donc bientôt partir, demanda la vieille dame ?

— Mais, dit le jeune homme, cela ne dépend que de ma volonté, madame, et si vous acceptez...

— Je souscris volontiers, monsieur, à votre offre obligeante; mais je ne puis accepter qu'à la condition de partager avec vous, tous les jours, mon modeste repas; en ce faisant vous aurez acquis une fois de plus des droits à ma reconnaissance, car vous m'aiderez à passer quelques heures agréables en votre compagnie.

A une invitation si flatteuse pour lui, Ildefonse s'inclina en signe d'assentiment et, depuis ce jour, il ne parla plus de son départ.

Ainsi, les jours, les semaines, les mois s'écoulèrent bien rapidement en leçons assidues pour l'artiste, en travail opiniâtre pour Odette; ses progrès étaient si rapides qu'Ildefonse en était étonné lui-même.

Un matin qu'il entrait au salon du château, à l'heure habituelle de la leçon, il n'y rencontra qu'Odette.

Surpris de se trouver seul en tête-à-tête avec son élève, Ildefonse lui demanda des nouvelles de sa tante.

— Ma tante, dit la jeune fille, est en ce moment occupée à donner des soins à une femme du mas de Saint-Germain qui, en passant devant notre habitation, s'est fait une foulure au pied, sans gravité il est vrai, mais ces légers accidents, vous le savez, réclament des soins immédiats.

La leçon commença aussitôt, sans que de nouvelles paroles fussent échangées.

Pourtant, sur un effet de perspective habilement rendu, Ildefonse fit quelques compliments à Odette, puis il lui dit :

— Mademoiselle, comme le dessin ne sera pour vous qu'une distraction agréable, dans peu, vous n'aurez plus besoin de mes conseils.

— Vous allez donc partir, lui demanda-t-elle vivement en devenant très pâle?

— Je le regrette beaucoup, répondit Ildefonse dont les yeux s'éclairèrent de joie à la vue de l'émotion soudaine de la jeune fille, mais des affaires importantes me rappellent à Paris, ce qui me fait prévoir que je dois renoncer, pour cette année, au projet que j'avais formé de me rendre en Italie.

Odette, pendant cette explication, tenait les yeux fixés sur son dessin; ils restèrent secs cependant, quoique son cœur fût serré par une angoisse inconnue.

— Mademoiselle, reprit le jeune homme à voix basse, je vous aime!... Vous avez dû vous en apercevoir, je l'espère, au plaisir que j'éprouvais à prolonger mes séances près de vous. Puis, anxieux, il attendit une réponse.

— Moi, lui dit Odette avec une modeste simplicité, moi, monsieur, il me semble vous connaître depuis longtemps!...

A ces mots, Ildefonse reprit avec un léger dépit, en baissant la tête :

— Vous éludez la question, mademoiselle, il importe pourtant qu'avant mon départ je connaisse vos sentiments réels à mon égard.

Quoique l'amour d'Ildefonse ne fut point un secret pour elle et qu'à sa confusion son cœur répondit à celui du jeune homme, Odette, blessée d'une part, charmée de l'autre, d'un aveu aussi brusque, se leva et saluant son interlocuteur, le quitta en prétextant la nécessité dans laquelle elle se trouvait de ne pas abandonner davantage à sa tante seule les soins de l'hospitalité.

Retirée dans sa chambre, la jeune fille se mit à pleurer en réfléchissant aux difficultés de la situation. D'un côté, elle n'osait parler à sa tante de l'aveu d'Ildefonse; de l'autre, elle ne savait quel parti prendre avec lui. Devait-elle refuser ses leçons? Son esprit pensait oui, mais son cœur disait non.

Odette aimait!...

Peut-être aussi, se disait-elle pour se rassurer, fera-t-il cet aveu à ma tante avant son départ. Peut-être lui demandera-t-il la permission de penser à moi jusqu'au moment où il pourra unir sa destinée à la mienne!... Pourquoi douter de la loyauté de ce jeune homme? J'aurais dû être plus réservée avec lui, ne croyant l'aimer que d'amitié, mais, hélas! je ne le sens que trop aujourd'hui, je l'aimais d'amour!...

La jeune fille se disait, en inondant son mouchoir de larmes : tout m'a abusée sur cette affection que je ne connaissais pas. Ce qu'il y a de plus cruel pour moi, c'est d'avoir été méconnue par lui!...

Oui, j'ai pu prendre l'amitié pour de la reconnaissance, l'amour pour de l'amitié; mais qu'Ildefonse ait pu prendre ma franchise, ma simplicité pour des avances de coquetterie, c'est ce qui me désole!

Odette avait le cœur pur, un esprit honnête; n'ayant à cacher aucun mauvais sentiment, elle était envers tous ceux qui l'approchaient franche, gracieuse, ne connaissant pas les prétendues convenances d'un monde qu'elle ignorait et qui prend pour la vertu un masque hypocrite; elle était envers Ildefonse ce qu'elle était envers tous, aussi simple que sincère; accueillant le jeune homme comme un ami obligeant, dont les goûts et le caractère sympathisaient avec les siens. Ne lui avait-il pas sauvé la vie? Elle lui devait donc beaucoup de reconnaissance et la lui témoignait par un accueil affectueux, confiant, marquant toute son estime.

Ildefonse lui-même, ne semblait-il pas heureux de cette estime; son visage n'avait-il pas repris cette sérénité qui annonce, sinon le bonheur, du moins le calme, comme la paix de l'âme!... Enfin, le jeune homme ne prolongeait-il pas ses séances avec un plaisir marqué? Ne semblait-il pas la quitter avec regret?

Pour quelles raisons Odette, qui lui devait tant, aurait-elle caché les sentiments d'une amitié partagée?...

Ainsi l'esprit, ou mieux le cœur d'Odette raisonnait, sans vouloir ni penser, ni réfléchir aux suites douloureuses qui pourraient résulter pour elle surtout, de ce mutuel échange de jouissances de l'âme à l'âme. — Elle ne voulait pas croire que bientôt, peut-être, se lèverait un jour où se briserait cette douce habitude de se voir chaque matin qui était si chère à son cœur; ce jour où il faudrait se dire adieu, sans doute pour jamais. Cette pensée eut paru trop douloureuse à la jeune fille pour qu'elle la laissa se poser dans ses préoccupations d'avenir comme une réalité possible.

Puis, songeait-elle, l'ombre du bonheur est si fugitive, pourquoi ne pas en profiter sans compter les minutes qu'il nous donne! Pourquoi détruire le mirage qui nous cache, surtout au début de la vie, à l'heure des doux sentiments, l'aridité de la route? Hélas! encore une fois, pourquoi, loin d'accueillir ce bonheur gros de tourments et de regrets futurs, la raison, rarement écoutée, nous dit-elle de le repousser!...

O raison qui prévoit tout, qui détruit si facilement la trame légère que la poésie a tissée devant nos yeux et dont elle a comme enveloppé nos cœurs, froide raison, que ne réserves-tu tes conseils avec ta double vue à la vieillesse morose et désenchantée!...

Lorsque, à travers un horizon chargé de nuages, un vif rayon de soleil nous apparaît en nous souriant, n'est-il pas naturel d'en jouir? N'est-il pas toujours temps de fermer les yeux devant la foudre!...

Le lendemain de cette journée commencée dans la joie, terminée au milieu de tant d'inquiétudes et de chagrins, Odette, ainsi qu'elle se l'était promis, parut devant Ildefonse avec les apparences de la plus entière sérénité.

Toutefois, à dater de ce jour, ils n'échangèrent plus que des regards froids, dénotant que leurs bonnes et si franches relations étaient à jamais rompues. Odette était toujours douce et polie envers le jeune homme, mais ses sourires n'avaient plus le même charme; tous leurs rapports étaient changés.

Ildefonse aussi n'était plus le même; par moment, il paraissait contraint, irrité. Odette, un jour, remarqua en lui un tremblement nerveux qui dura assez longtemps pour l'empêcher de faire une retouche. Peu à peu aussi elle reconnut que la physionomie du jeune artiste, devenue heureuse et calme, reprenait cette expression fantasque qui avait frappé la jeune fille dès les premiers jours de leur rencontre; sa voix tendre, harmonieuse, avait prise un ton bref, saccadé, qui donnait à ses paroles un accent non équivoque de franche moquerie.

A tous ces indices si évidents d'un espoir déçu, Odette n'opposait que la quiétude que donne la vertu.

Dans sa souffrance, elle attendait de Dieu, avec une pieuse résignation, que sa destinée heureuse ou malheureuse s'accomplît.

Cependant, ces luttes incessantes contre elle-même, ces alternatives d'espérances ou de craintes, assombrirent tellement ses jours que ses nuits ne furent plus hantées que par de cruelles insomnies.

Ne pas avoir l'estime de celui que l'on aime, n'est-ce pas affreux !

Ces réflexions désolantes poursuivaient sans cesse la pauvre enfant qui n'osait confier sa peine à personne; dans sa douleur, elle allait la conter à la *Vierge-du-Vieux-Chêne.*

Là, prosternée devant cette rustique chapelle, elle exhalait ses plaintes; souvent l'écho redit les dernières syllabes de ses prières, interrompues par ses soupirs et sanglots !

Soupirs et sanglots d'une âme aussi innocente que pure, vous montâtes au Ciel avec le parfum des fleurs comme un encens divin !...

« Talloires, le 27 août 1717.

« Ildefonse Belly d'Arbuzenier
à Thomas Moizin de Baudron.

« Cher ami,

« Je t'écris dans un moment d'humeur, ma tête est en feu, le désordre est dans mes idées.

« Ne t'étonne donc pas trop de ma lettre pleine de contradictions et aussi incohérente que toutes les circonstances qui me rendent mécontent de moi-même autant que des autres.

« Mon cœur souffre sous la pression des divers sentiments qui l'agite.

« J'ai besoin des conseils de ton amitié.

« De même que les orages envoient au loin des nuages chargés de l'électricité des tempêtes, moi, ami, je t'envoie cette lettre remplie d'ennuis et de désolations.

« Mais, que sont les orages des éléments auprès des orages du cœur !...

« Si les ouragans et la foudre brisent sans regret sur leur passage les fleurs avec les fruits, il n'en est pas de même de ceux du cœur.

« Cependant, le cœur est-il plus coupable que les éléments ; n'est-il pas entraîné, comme la foudre, dans une voie irrésistible et inconnue !...

« Tu le vois, cher Moizin, le cœur, pas plus que le tonnerre, n'est responsable des maux qu'il produit.

« Alors, me diras-tu, pourquoi le tien souffre-t-il ?

« Parce qu'il a, sans le vouloir, sans l'avoir pressenti, causé des maux qu'il ne peut réparer; ce qui me force à répéter encore une fois : orages des éléments, qu'êtes-vous auprès des orages du cœur !...

« Ami, d'après ce préambule, tu vois que tu dois être indulgent; lis toute ma lettre, car, ne pouvant dire mes soucis aux rochers de la Tournette, je te les envoie à Paris. Paris, séjour charmant, nid plein de délices, pourquoi t'ai-je quitté ! Splendeurs des arts, oasis des amours, pourquoi avoir été chercher ailleurs l'inspiration !

« Là, à chaque pas, des voluptés sans nombre, des femmes charmantes souriant à nos regards, à nos sourires ...

« Heureux celui qui ne va point chercher ailleurs d'autres attraits, d'autres succès !

« Hélas! en dehors de cette terre promise, il n'est plus que des déserts! Déserts pleins de mirages trompeurs, qui nous font prendre la niaiserie pour de la naïveté, la gaucherie pour de la simplicité.

« Plus de ces grâces remplies d'entrain et de provocante agacerie qui, semblables au délicieux narcotique de l'Asie, enivrent nos sens et nous ouvrent des horizons inconnus où nous pouvons rêver à des félicités toujours nouvelles.

« Félicités troublantes, dans lesquelles l'art puisent l'inspiration et l'immortalité!

« Hélas! loin de Paris, que trouve-t-on ? Le plus prosaïque positif, car il faut dire adieu aux illusions adorables et adorées!...

« La charmante coquetterie est remplacée par la plus austère pruderie; mais, sous ces différents dehors, la femme n'en reste pas moins perpétuellement femme, c'est-à-dire toujours plus ou moins dissimulée, n'aimant pas mais voulant être aimée.

« Ami, j'ai pris chez Odette la niaiserie pour de la naïveté, la gaucherie pour de la simplicité, l'amitié pour de l'amour.

« Je croyais moi-même l'aimer; depuis huit jours, mes yeux sont bien dessillés.

« Non, je n'aime pas cette jeune fille, aussi veux-je m'affranchir à tout prix, non de mes engagements, je ne lui ai rien promis, mais de la fausse situation où je me trouve.

« Je me résume :

« Te souviens-tu, ami, de ma première lettre, laquelle lettre me faisait le héros d'une aventure fort ordinaire, mais qui a été la cause de relations suivies entre Odette et moi? Cette intimité bien simple, fut accrue par le désir qu'exprima cette jeune personne d'apprendre le dessin.

« Pourquoi ai-je consenti à montrer à sa tante ainsi qu'à elle les produits de mon pinceau et de mes crayons!...

« De là viennent tous mes déboires; car la vieille châtelaine avait appuyé la demande de sa nièce, à la condition que je devienne son commensal, en prenant mes repas au château.

« J'acceptai cette combinaison d'autant plus volontiers que, je dois l'avouer, Odette m'intéressait; ce fut là ma première faute. Tu sais combien un service rendu attache à la personne pour laquelle nous nous sommes dévoués.

« Eh bien! figures-toi que j'ai pris un moment ce sentiment d'une tendre amitié pour de l'amour!...

« Odette, la pauvre enfant, n'est pas heureuse avec sa tante, femme sans esprit, sans générosité, sans pensées et profondément égoïste dans son inconscience.

« Odette, orpheline, dépend uniquement de sa parente.

« Son père était un officier obscur que l'épée n'a point enrichi; il ne lui a laissé pour héritage, en dehors de son nom, que le vieux château de ses aïeux dont toutes les dépendances ne consistent plus aujourd'hui qu'en un petit jardin qui entoure les bâtiments en ruines de cette antique demeure.

« Odette est donc pauvre: sa tante, qui veut donner son bien aux couvents, la pousse à se faire religieuse plutôt que de lui voir faire une mésalliance.

« Que de raisons pour m'intéresser au sort de cette jeune fille qui, de son côté, à son insu, m'a insensiblement aimé!

« Nos regards, qui se cherchaient involontairement, nous disaient que nous nous aimions.

« Un jour, me trouvant seul avec elle, j'ai eu le tort de lui exprimer les sentiments qu'elle m'avait inspirés; elle m'en a puni par une réserve inaccoutumée qui m'a fait voir que je l'avais blessée.

« Heureusement, ainsi qu'il arrive souvent dans les positions fausses de la vie, le hasard s'en est mêlé.

« Il est venu à mon aide ce brave hasard, en lançant à mes trousses, le jour même, Athénaïs, tu sais, la danseuse de l'Opéra qui m'a fait faire tant de folies, l'hiver dernier, à Paris. Mon amour pour elle n'était qu'assoupi; il s'est si bien réveillé qu'aujourd'hui je vogue à pleines voiles sur les rives du Tendre.

« Engagée comme première danseuse au théâtre royal de Turin et ayant appris à la direction générale des postes que toute ma correspondance m'était adressée ici, Athénaïs m'assura qu'elle s'était détournée de sa route pour m'enlever.

« La charmante artiste me donna tant de preuves de tendresse que mon amour pour elle reprit le mors aux dents et que du coup j'oubliais Odette, que, du reste, je n'ai jamais aimée.

« Ce qui me prouverait qu'Athénaïs m'a dit vrai, c'est qu'un essieux de sa berline s'étant rompu entre Menthon et Talloires, le cocher s'est informé aussitôt de l'hôtel du *Lion-d'Or*, où je suis campé, pour réclamer secours en mon nom.

« L'intention de mon ancienne amie est de repartir dès que sa voiture sera remise en état, c'est-à-dire que je pars avec elle et que, pour un de ses sourires redevenus nouveaux pour moi, je la suivrai d'un cœur léger jusqu'au bout du monde.

« Cependant, explique qui pourra cette contradiction, je veux revoir Odette encore une fois, sans être aperçu d'elle.

« Sans lui parler, mentalement je lui demanderai pardon de toute mon âme d'avoir involontairement troublé le calme de sa vie. Ce guet, puisqu'il faut dire le mot, me sera certes facile, car la jeune fille se rend tous les jours, matin et soir, près de la *Vierge-du-Vieux-Chêne*, dont la pauvre chapelle est entourée d'un taillis très épais, dans lequel je pourrai aisément dissimuler ma présence.

« Que veux-tu, mon ami, ainsi que pour le poète, les femmes ne doivent être pour l'artiste qu'un passe-temps agréable, sans cesse diversifié.

« Malheur à l'artiste ou au poète qui se laisse subjuguer par une passion violente, elle tue en lui l'inspiration sans laquelle l'art ne peut prétendre au succès.

« Les peintres, comme les poètes, ne doivent dédaigner aucun incident, aucun drame dans le cours de leur vie; cela étant nécessaire à l'art, ils doivent tout faire tourner à son profit, tout, même le malheur.

« C'est de l'orgueil poussé jusqu'au plus cynique *égoïsme*, me diras-tu; mais le succès, à mes yeux, prime tout.

« Adresse-moi de suite ta réponse, toujours au *Lion-d'Or*.

« Tibi,

« ILDEFONSE. »

.•.

« Paris, le 14 septembre 1717.

« Thomas Moizin de Baudron
à Ildefonse Belly d'Arbuzenier.

« Par le contenu de ta lettre que j'ai eu la patience de lire d'un bout à l'autre, j'ai vu plus clairement que toi dans ton cœur, mon pauvre Ildefonse!

« Tu es sous l'empire d'un sentiment vrai que ton orgueil étouffe.

« Tu aimes Odette, seulement, tu as failli aux convenances en lui faisant, ainsi que cela se pratique dans le monde où l'on s'amuse, une déclaration à brûle-pourpoint.

« Ce n'est point ainsi qu'un homme de cœur doit en agir avec une jeune fille honnête.

« Tu es injuste, pauvre ami, envers Odette, je dirai plus, tu es injuste envers toi-même; oui, cher Ildefonse, envers toi-même, car je te sais meilleur que tu ne veux le paraître.

« Le grand malheur de la vie est d'avoir rencontré partout le plaisir sur ta route et d'avoir épuisé avec lui toutes les illusions de la jeunesse.

« Aujourd'hui que tu as bu à tant de coupes les vins frelatés de Cythère, ton palais est blasé, tu ne sais plus distinguer le vrai d'avec le faux.

« Ami, tu doutes de tout, même de toi-même, depuis que, passant par l'atelier, tu n'as vu dans la femme que la beauté de la forme.

« Ta carrière et la mienne nous ont obligés de vivre au sein d'un monde qui n'est pas le monde réel.

« Celui que nous avons fréquenté, nous ne l'avons connu que dans sa dépravation, c'est-à-dire par son côté le plus mauvais, celui des passions corruptrices.

« En parlant d'amours faciles, tu fais confusion aux plaisirs faciles! Quant à l'amour vrai, Belly, ne profane pas ce noble sentiment qui nous vient du Ciel.

« L'amour est une plante frêle et rare que Dieu, dans sa bonté, fait naître sur le sentier de l'homme, à l'heure souvent du découragement. C'est un phare qu'il fait luire à ses yeux pour lui enseigner une meilleure et plus douce voie, lui offrir une occasion propice afin de se réhabiliter à ses propres yeux, en lui donnant le courage de mieux faire.

« Heureux l'homme qui ne brise pas du pied, avec dédain, cette plante délicate!

« Peu la rencontrent sur leur chemin! Moi qui te parle, je suis encore à la trouver.

« Voué par mon état au devoir de secourir l'humanité dans ses infirmités ou ses douleurs, j'ai commencé mes rudes labeurs en sceptique et je suis devenu insensiblement croyant.

« Oui, sous les haillons de la misère, j'ai souvent trouvé la vertu et le dévouement: vertu et dévouement ignorés des hommes, mais non de Dieu, vous fûtes mes apôtres! Silence sublime de la résignation vous m'avez converti, je suis croyant!...

« Ami, les femmes légères, les courtisanes se trouvent partout, même en grand nombre; mais les cœurs droits et purs sont bien rares.

« Tu demandes que je te conseille ? Eh bien ! crois-moi, aime de toutes les forces de ton âme la petite et simple Odette, quoique ignorante, quoique gauche, quoique niaise.

« Ta fausse passion pour Athénaïs semble rendre ridicule cette jeune fille à tes yeux, ton orgueil te la fait paraître prude; cependant, je te dis encore une fois, aime-la.

« C'est parce que je suis aussi le médecin des âmes que je t'y engage, car je suis persuadé que ce qu'on appelle l'inspiration naît de tout ce qui est grand, beau, et la vertu est belle ! Rien n'est beau que le vrai, le vrai seul est aimable !

« Souvenirs classiques, me diras-tu de ton plus malin sourire !

« Oui, souvenirs classiques, tant que tu voudras, mais Boileau ne s'est pas trompé.

« Enfin, c'est aussi parce que je t'aime réellement que je te donne ce conseil; il est dicté par la plus tendre et dévouée amitié.

« Quel que soit le séjour où te portent les ondes, sache donc être heureux et ne m'oublie pas.

« Ave et vale,

« THOMAS. »

Ildefonse était un jeune homme plein de cette fougue qui annonce l'inspiration. Né avec les passions ardentes et généreuses qui la font germer, il l'avait étouffée en partageant le scepticisme de son époque.

Ildefonse n'avait pris la vie au sérieux que pour l'art, tout avait été sacrifié par lui en l'honneur de cette déesse qu'on appelle la Renommée.

Doué d'un cœur aimant, mais resté sans proches parents pour le guider, il ressentit une très grande amitié pour Thomas Moizin de Baudron.

Un jour vint où ses amis songèrent à se créer des positions; ils se perdirent donc insensiblement de vue, l'amour seul continua à lui tendre la main. Lui ne considérait cette passion que comme un agréable délassement à ses travaux.

Ne fréquentant que des filles d'Opéra, il croyait trouver en elles l'inspiration, mais il ne faisait, au contraire, que flétrir son cœur avec son imagination.

Aussi, abusé sur ses propres sentiments, surpris de la situation que les circonstances lui avaient imposée, Ildefonse, aux prises avec un amour vrai, se débattit sous cette pression inconnue qui le dominait, comme le fait l'ardent coursier qui, dans l'emportement d'une course insensée, se sent dompté par une main puissante.

Le sceptique Ildefonse, devant la chaste tendresse d'Odette, s'irrite et veut briser, à quelque prix que ce soit, cet obstacle qui semble vouloir arrêter sa destinée vagabonde.

Cependant, ainsi qu'il l'avoue à son ami, il veut revoir encore une dernière fois celle qui lui a fait sentir une émotion si nouvelle. Il monte à cet effet vers l'antique chapelle du *Vieux-Chêne*, avant l'heure à laquelle Odette a l'habitude de s'y rendre pour faire sa prière du soir et orner la statue de la bonne Vierge, sa confidente.

Au-dessus de la niche est une couronne de chèvrefeuille et tout autour retombent en girandoles des guirlandes de graines de houx, vermeilles comme le corail. Derrière, un fort taillis de chênes forme une voûte impénétrable à la vue.

Caché sous le couvert des branches, Ildefonse attend, tout ému, la venue d'Odette. Chaque minute qui s'écoule, lui semble durer un siècle.

Enfin, il aperçoit la douce enfant et ses yeux ne la quittent plus.

Il la voit cueillant çà et là des fleurs sur le penchant de la montagne.

Le cœur du jeune homme bat dans sa poitrine à tout rompre.

En s'approchant de la chapelle, Odette fit un signe de croix sur elle, puis s'assit sur une racine du vieux chêne.

Là, sur ce siège rustique, après avoir posé à terre toute la gerbée des fleurs qu'elle a cueillies, la jeune fille les reprend une à une, en variant leurs couleurs; elle les dispose avec goût en une charmante couronne qu'elle va ensuite poser avec respect sur la tête de la Vierge.

Se rasseyant alors, elle jette un regard mélancolique sur les fleurs moins jolies qu'elle a laissées éparses sur l'herbe : pauvres fleurs, dit-elle toute pensive, inutiles et dédaignées comme je le suis, gisez sur la terre ! Hélas ! plus heureuses que moi, demain il ne restera de vous que des feuilles desséchées, emportées par le vent; mais moi !...

Pourquoi aussi, ajouta-t-elle avec un accent de regret, avoir brisé inutilement ces tiges... Pauvres petites fleurs, à peine écloses, maintenant vous voilà toutes flétries sur ce gazon dont la fraîcheur ne vous ranimera point !

Appuyant alors sa tête contre le chêne, elle dit d'une voix plus faible : Que l'on est bien ici, l'air m'y semble moins lourd, je me sens revivre sous sa tiède haleine. Que ces chèvrefeuilles et graines de houx sont beaux ! Jamais je ne leur ai vu cette vivacité de couleur et de tons.

Que je me sens calme, je suis presque heureuse ce soir !...

Soleil, ne disparais pas encore derrière le roc de Chères, prolonge pour moi de quelques instants l'éblouissement d'un si beau jour !...

Depuis longtemps, il ne s'en lève plus sur ma tristesse et, je le sens, demain je n'en jouirai plus, tout doit finir avec les derniers rayons !...

Bonne Vierge ! s'écria-t-elle en se mettant dévotement à genoux, merci du repos que j'ai goûté ce soir près de vous.

Protectrice des affligés et des orphelins, venez à leur aide lorsqu'ils se trouveront dans la détresse...

En disant ces mots, la tête de la pauvre enfant s'inclina sur sa poitrine et ses yeux se fermèrent.

L'infortunée resta longtemps immobile, ses lèvres seules, agitées par un mouvement presque imperceptible, prouvaient que son âme n'avait point tout à fait quitté la terre, mais que, dégagée de toute pensée matérielle, elle s'élevait vers son Créateur dans une pieuse extase...

Odette ne fut tirée de la douce rêverie qui lui avait presque ravi le sentiment de son existence, que par la voix de sa bonne nourrice, qui, toute inquiète, la cherchait.

En revenant à la vie réelle, la jeune fille se trouva comme accablée par le souvenir de ses maux.

Depuis quelque temps déjà, la brave nourrice d'Odette s'était aperçue du navrant chagrin de la jeune fille ; désolée de cette tristesse, elle veillait avec soin sur son enfant.

Nature inculte mais sensible, cette bonne et brave femme possédait cependant cet esprit du cœur qui enfante les dévouements sublimes. Elle se multipliait en soins les plus tendres auprès d'Odette. Comme le chien fidèle, elle lisait dans les yeux de l'enfant qu'elle avait bercée ses moindres désirs ; mais à l'heure présente, plus rien ne faisait sourire la jeune fille, plus rien ne l'intéressait et la pauvre femme pleurait.

Longtemps après leur départ, Ildefonse se décida à redescendre sur Talloires.

Tremblant, pâle et défait, il rentra au village d'un pas chancelant, comme s'il eût été ivre.

Il trouva Athénaïs surveillant les derniers préparatifs du départ ; il monta d'un air sombre dans la voiture qui était déjà attelée et, appuyant sa tête sur ses deux mains, il se prit à penser.

Quels songes passèrent devant les yeux de l'artiste, rêves réels qui devaient plus d'une fois se représenter à son imagination ?

Nul n'a su les étranges et poignantes réflexions qui troublèrent l'esprit et le cœur du jeune homme.

Muet, insensible, indifférent à tout ce qui se passait autour de lui, Ildefonse resta plongé pendant tout le voyage dans une prostration morale qui intrigua beaucoup sa compagne.

Deux semaines après ce départ, la tante d'Odette, s'étonnant de l'absence d'Ildefonse, envoya demander de ses nouvelles au *Lion-d'Or*.

L'hôtelier avait répondu que le peintre était parti pour l'Italie en compagnie d'une grande dame qui paraissait fort riche.

Ah ! fit la châtelaine, tous ces artistes sont les mêmes, ils s'affranchissent sans gêne des plus simples devoirs de la politesse.

Dès ce jour, la vielle dame ne parla plus d'Ildefonse, ce qui n'étonna point Odette, car elle avait été à même, bien des fois, d'apprécier à leur juste valeur le cœur et le caractère de sa tante. Ce silence, du reste, convenait mieux à la situation de la pauvre enfant, elle le préférait aux propos peu favorables que l'on aurait pu tenir sur le compte du jeune artiste.

Renfermant dès lors en son sein tous ses souvenirs, Odette ne vécut plus que par eux.

Elle vit chaque jour se lever avec une indifférence profonde, soit que le soleil se montra radieux ou que les horizons disparussent sous la brume d'automne.

Seulement, quand le temps était favorable, la jeune fille allait le soir, toujours à la même heure, prier à la chapelle du *Vieux-Chêne*.

Un attrait irrésistible semblait l'attirer en ce lieu comme à un pieux rendez-vous.

Sainte mère du Christ, s'écria-t-elle un soir, m'avez-vous abandonnée à mon malheureux sort ?

Qu'ai-je fait pour que mon cœur ne retrouve plus près de vous ces ineffables douceurs que j'ai goûtées à cette même place, le jour où il est parti sans me revoir ?

Depuis cette soirée, où tout autour de moi semblait avoir repris la vie, mon âme n'a plus senti que le poids de l'affliction !

Des larmes, les premières qu'elle eût versées depuis longtemps, coulèrent silencieusement sur ses joues décolorées.

Odette resta ainsi quelques instants absorbée dans sa douleur ; elle y serait peut-être demeurée longtemps encore, si un léger bruit ne s'était fait entendre dans le feuillage.

Levant alors les yeux, la jeune désolée aperçut devant elle, sortant du taillis, le vénérable ermite de Saint-Germain qui s'avançait dans l'attitude d'un père plein de bonté et de mansuétude.

— Ma chère fille, lui dit le vieillard en l'abordant, je descends parfois de Saint-Germain à l'abbaye de Talloires et, chaque fois que je fais ce trajet bien pénible à mon âge, je m'arrête au retour quelques instants auprès du vieux chêne qui renferme dans sa niche naturelle la statue de la Vierge, protectrice de la montagne.

Après avoir fait ma station ordinaire, je remontais ce soir à pas lents à mon ermitage, quand soudain, j'entendis vos plaintes... Sans doute, vous alliez confier le secret de vos peines à Celle que l'on implore jamais en vain.

Elle vous a entendue, ma fille, puisqu'elle vous fait trouver en moi une parole mortelle, il est vrai, mais consolante, à défaut de la grâce dont vous regrettez les douceurs !

Si mon caractère, si mon grand âge vous inspirent de la confiance, si vous avez besoin des conseils d'une longue expérience, je suis prêt, ma fille, à écouter le récit de vos peines et, s'il est en mon pouvoir, tout disposé à les soulager.

En disant ces mots, le vieillard croisant ses mains sur sa poitrine, attendit.

Odette, toute émue, lui répondit :

— Mon Père, c'est la bonne sainte Vierge qui vous envoie à mon secours.

Oui, mon âme a besoin de consolations ; elle a besoin d'être fortifiée et rassurée au moment de quitter cette vie car, mon Père, je le sens, je n'ai plus que quelque temps à rester ici-bas.

Alors, racontant au vénérable solitaire l'histoire de sa courte et innocente vie, elle ajouta :

— Trop aimer est peut-être un péché, mon Père ?

— Non, ma fille, dit l'homme de Dieu ; c'est un malheur, mais ce malheur produit quelquefois un bien, si ce n'est pas pour la personne qui souffre, c'est le plus souvent pour celle par qui l'on souffre.

C'est ce qu'on appelle épreuve.

Destinés par la divine Providence à passer rapidement sur cette terre, c'est par les épreuves courageusement supportées que nous obtenons en récompense une vie meilleure.

C'était cette croyance qui soutenait les martyrs, c'est encore elle qui soutient tous les cœurs qui se dévouent, qui aiment et qui souffrent pour leurs frères.

Vous ne serez pas moins forte que tous ces héros chrétiens ! Ma fille, vous lutterez avec courage, n'ayant pour témoin de vos peines et pour récompense de vos combats que Dieu seul !

Pauvre enfant ! si votre vie, comme un holocauste, doit ramener à Lui celui que vous aimez, reculerez-vous devant ce sacrifice ?

— Non, mon Père, répondit Odette, d'une voix ferme ; mais, ajouta-t-elle, j'implore votre assistance, j'attends de votre charité que vous ne m'oubliez pas quand vous passerez devant notre demeure...

— La saison d'automne s'avance, dit le pieux ermite, bientôt les feuilles vont tomber, et, sous peu, la neige rendra les chemins difficiles. Cependant, je n'hésiterai pas à me rendre à votre appel, quand vous croirez avoir besoin de moi.

— Ne me donnerez-vous point votre bénédiction avant de me quitter, lui dit Odette, les mains jointes ?

— Recevez-la, mon enfant, dit l'auguste vieillard d'une voix émue, au nom du Dieu miséricordieux et bon qui vous a trouvée assez pure pour servir d'instrument à ses desseins.

III.

Les derniers jours d'avril de l'année suivante ramenaient de nouveau le printemps.

Dans cette partie privilégiée de la Savoie, la verdure renaissait partout, ayant comme une hâte de réjouir les yeux des créatures; le soleil faisant fondre rapidement les dernières neiges amoncelées sur les flancs des monts, répandait sur la terre glacée ses vivifiants rayons. Il ne restait déjà plus de l'hiver qu'un léger engourdissement de la nature. Tout revenait à la vie, tout se ranimait aux tièdes brises printanières. Aussi, chacun était-il en mouvement dans la montagne.

L'auberge du *Lion-d'Or*, en vue de l'arrivée prochaine des touristes, se parait aussi, réparant hâtivement les outrages que les mauvais temps passés lui avaient fait subir.

Un soir, maître Jean Pagot, l'hôtelier, eut l'agrément de voir son *peintre*, c'est ainsi qu'il appelait Ildefonse, venir de nouveau lui demander l'hospitalité.

Le lendemain, dès la première heure, on aurait pu voir l'artiste monter le sentier qui conduit de Talloires à Saint-Germain.

C'était comme un pèlerinage, que le jeune homme entreprenait; à chaque détour du chemin, à chaque buisson, il retrouvait dans sa mémoire, il ressentait dans son cœur, les mille pensées qui tantôt l'agitaient ou l'enivraient l'an dernier.

Néanmoins, son allure était inquiète, hésitante; il s'arrêtait de temps en temps, comme un voyageur qui craint d'arriver au terme de sa route.

Ildefonse finit enfin par ralentir son pas, puis s'assit sur le bord d'un torrent, au pied d'un magnifique aubépin en fleurs. De ce point assez élevé pourtant, on ne pouvait encore apercevoir les tourelles du vieux château d'Odette.

Le souvenir d'une bonne action y ramenait le jeune homme, mais, quoiqu'il ne voulut pas se l'avouer à lui-même, le remords aussi l'y attirait. N'avait-il pas laissé là le vrai bonheur qui lui avait tendu les bras un moment, pour courir après une chimère décevante!...

Appuyé contre un arbuste, les yeux perdus dans l'espace, le jeune artiste paraissait attendre comme s'il était à un rendez-vous d'amour.

Mais, tout était silencieux autour de lui, rien ne répondait à son âme troublée.

Il revivait par la pensée, le temps passé près d'Odette, mille incidents se représen-taient à sa mémoire, et prenaient une importance qui lui montrait de plus en plus la pure tendresse du cœur qu'il avait méconnu et abandonné!

Hélas, que ne pouvait-il retourner en arrière et effacer de sa mémoire, ainsi que de celle d'Odette, le temps d'exil volontaire qu'il s'était si légèrement infligé!

Dans ce désert de la montagne nul autre bruit ne parvenait à Ildefonse que ce silence si pénible à l'âme qui souffre, et ressent le besoin d'épancher le trop plein de ses pensées.

La solitude qui environnait le jeune homme, lui pesait comme un manteau de plomb; le soleil n'avait plus de charme pour lui, il lui semblait que ses rayons éclairaient d'une teinte de deuil et de tristesse toute cette nature alpestre qui jadis lui semblait si belle.

Enfin, ne pouvant plus dominer ses émotions, inquiet comme par pressentiment de tout ce qu'il éprouvait, le jeune homme se leva pour prendre le chemin conduisant à la chapelle du *Vieux-Chêne*.

Bientôt, le cœur serré d'une vague et vive douleur, d'une appréhension qu'il ne pouvait définir, le peintre arrivait à cet oratoire où il avait vu Odette pour la dernière fois.

Soudain, regardant le *Vieux-Chêne*, il resta immobile, saisi d'effroi; l'ermite de Saint-Germain était là, devant lui, priant incliné sur une tombe; la croix qui la surmontait était entourée d'une couronne de fleurs d'aubépine.

A cette vue, le cœur d'Ildefonse se glaça dans sa poitrine, un nuage passa sur ses yeux, une pensée cruelle le frappa...

Ne pouvant parler, saisi d'un tremblement douloureux, il s'approcha du saint religieux.

Comme à cet instant de l'agonie où l'âme épouvantée doit rester un moment comme suspendue entre le ciel et la terre, incertaine, tremblante et ignorante de sa destinée, de même Ildefonse, glacé par la crainte, par l'appréhension, restait là, muet de douleur!...

Enfin, n'y tenant plus, se penchant vers le solitaire, il put lui dire ces mots, qui déchirèrent tout son être :

— Mon Père, qu'elle est cette tombe ?

— Celle d'une jeune fille, mon fils.

— Son nom ?

— Odette!

Un cri déchirant, que ne put retenir le jeune homme, fit tressaillir le vieillard.

— Et vous, monsieur, dit-il à son tour en pâlissant, seriez-vous Ildefonse ?

— Je le suis, dit l'artiste d'une voix sourde ! Trop tard, hélas ! j'arrive trop tard !...

— Mon fils, reprit l'ermite avec douceur, Odette, en mourant, m'a chargé de vous dire que là-haut encore, elle priera pour vous.

Dépositaire de ses dernières volontés, confident du seul secret de sa vie si pure, en voyant votre douleur et vos regrets, j'ai deviné que vous étiez celui que je comptais aller trouver à Paris, pour lui rapporter les dernières paroles de la jeune vierge si chaste qui repose à nos pieds.

La Providence vous envoie elle-même ici, elle permet que vous puissiez pleurer sur cette tombe ; qu'elle soit bénie !

Oui, mon fils, pleurez, vos larmes sont salutaires ,pleurez sur vous, mais non sur celle dont le cœur n'a pas connu un désir coupable, dont les aspirations pures et virginales se sont constamment élevées vers Dieu, ce sublime idéal de la pensée humaine.

Hélas! votre regret sera de n'avoir pas connu cette nature d'élite, cette créature céleste que le Seigneur avait placée sur votre route!

Bénissons Dieu, mon fils, de l'épreuve qu'il vous fait subir.

C'est une marque non équivoque de ses desseins sur vous ; il vous ramène à lui par la douleur, afin de vous purifier.

C'est un effet de sa volonté !

C'est une des lois de l'harmonie universelle, elle est tellement logique par ses contrastes, que presque toujours la vertu marche côte à côte avec le vice, et l'innocence se coudoie avec la corruption.

Malheur alors ! malheur à l'homme qui ne change pas sa vie à ce contact, qui ne se purifie pas!

Le monde dit : quel singulier hasard ! La foi répond : quelle divine assistance de la Providence !...

Ayant ainsi parlé, l'anachorète se tut et pria...

Il pria sans doute pour le malheureux Ildefonse, tandis que prosterné devant la croix, le jeune homme embrassait cette froide terre qui recouvrait celle qu'il avait aimée.

En se relevant, le peintre détacha pieusement de cette croix, une fleur d'aubépine, unique relique de son seul et véritable amour, puis s'éloigna de ces lieux qui gardaient le meilleur de lui-même, en étouffant ses sanglots !

. . . .

ÉPILOGUE.

Dix ans après la mort d'Odette, Ildefonse, las de la gloire qui entourait son nom d'artiste, blasé par les plaisirs, la fortune et les frivoles affection du monde, sentant le vide se faire de plus en plus dans sa vie, tourna enfin ses regards du côté de la Savoie, là où reposait Odette.

Il se souvint qu'elle seule avait fait battre son cœur en des heures de félicité que peu d'hommes sont appelés à connaître, que l'on ne peut trop payer ici-bas, même au prix des larmes les plus amères.

L'artiste, foulant aux pieds toutes les vaines idoles de son culte, se rendit à Talloires (1728), prit les ordres et retrouva, au contact de la vertu, la véritable inspiration de l'art chrétien dans la foi, l'espérance, la charité éclairées par le souvenir de la pieuse enfant qu'il avait chérie.

A la mort de Serrassin, abbé mitré de l'abbaye de Talloires (1736) Ildefonse Belly d'Arbuzenier lui succéda en pouvoirs et dignités jusqu'en 1766, époque à laquelle il rendit son âme à Dieu, son corps à la terre, âgé de 71 ans.

Quelques heures avant de quitter ce monde, dom Belly, car, par humilité, il n'avait voulu conserver que ce nom, pria son coadjuteur, Florentin de Vieux, d'assembler tous les membres de la communauté pour recevoir en leur présence sa confession générale.

Cette confession achevée, il leur montra du doigt les peintures saintes ou profanes qu'il avait exécutées sur les soubassements, les murs et le plafond de sa chambre à coucher, comme aussi la porte de l'escalier secret qui lui permettait de sortir de l'abbaye à l'insu du couvent.

Mes frères, leur dit-il, avant de paraître devant Dieu, il importe que je me justifie à vos yeux de toutes ces apparences mondaines qui ont pu vous troubler.

Par zèle pour vos âmes qui me sont chères, autant que par devoir, je me crois obligé de vous expliquer enfin le mystère de toutes ces choses qui semblent si contraires aux mœurs monacales.

Ce plafond, aux moulures dorées, sur le fond duquel se jouent des amours lançant des flèches, représente ma vie de jeunesse, s'écoulant dans les plaisirs de la dissipation; ces murs, sur lesquels j'ai représenté les douze apôtres, signifient que, renonçant au monde pour me consacrer à Dieu, je me suis placé sous leur protection immédiate; ces soubassements, enguirlandés de fleurs, formant des sujets de chasse ou de pêche, vous disent mes anciennes distractions favorites.

Quant à l'escalier dérobé, qui se trouve masqué par les courtines qui ornent la ruelle de mon lit, il ne m'a jamais servi que pour me rendre quelquefois, lorsque mon âme était triste, auprès de la *Vierge-du-Vieux-Chêne*; là, je priais sur une pauvre tombe que le passant ne soupçonne même pas, tant ceux qui ne sont plus, tombent vite dans l'oubli!...

Quand je ne serai plus, mes frères, souvenez-vous de moi dans vos prières, car j'ai bien souffert.

Adieu, je vous bénis!

9 782012 860995